◎爱问法律百科系列丛书◎

丛书主编 · 严威

关注热点

简明易懂

法律思维

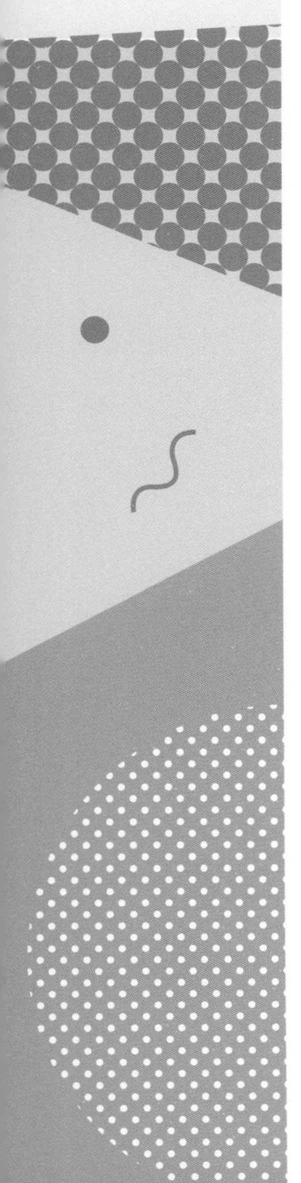

爱问
法律百科

工伤保险必知200问

林立成◎著

中国法制出版社
CHINA LEGAL PUBLISHING HOUSE

第一章　工伤法律常识

第一节　工伤和劳动关系

第二节 职业病

第三节 劳动者权利与用人单位的保护责任

第二章 工伤认定与劳动能力鉴定

第一节 工伤认定的法定情形

第二节　实践中常见工伤认定情形

第三节　劳动能力鉴定

第二节 工伤保险基金

第三节　工伤预防

第四节　用人单位的工伤保险责任

第五节　抚恤金

第六节　实践中常见工伤保险待遇认定与处理情形

第七节　工伤保险先行支付

第五章　工伤救济

第一节　工伤劳动争议解决

第二节　工伤劳动争议调解

第三节　工伤劳动争议仲裁

第四节　工伤劳动争议诉讼

第五节 工伤保险待遇的申领

第一章

CHAPTER 1

工伤法律常识

第一节 工伤和劳动关系

1. 什么是劳动关系？

劳动者是指达到法定年龄，具有劳动能力，以从事某种社会劳动获得收入为主要生活来源，依据法律或合同的规定，在用人单位的管理下从事劳动并获取劳动报酬的自然人。

劳动关系是指劳动者与用人单位依法签订劳动合同而在劳动者与用人单位之间产生的法律关系。劳动者接受用人单位的管理，从事用人单位安排的工作，成为用人单位的成员，从用人单位领取劳动报酬和受劳动保护。

劳动关系的一方为用人单位，另一方为劳动者。判断一个组织体能否成为用人单位，主要标准有：（1）独立支配生产资料，包括生产工具与生产设备、生产材料和劳动对象，以及一定的能够维持生产过程的自有资金；（2）健全的劳动组织，包括劳动组织机构与组织内部规则；（3）相应的技术条件，包括生产技术与生产工艺。

2. 劳务关系和劳动关系是不是一回事?

劳务关系与劳动关系存在严格区别。劳务关系是民事法律关系的一种，是指具有平等主体资格的一方当事人向另一方提供劳务，另一方支付对价的权利义务关系。劳动关系是指用人单位招纳劳动者作为其成员，劳动者在用人单位的指导下提供由用人单位支付报酬的劳动。劳务关系与劳动关系的区别主要表现在：

（1）当事人的地位不同。劳动关系中所说的劳动者必须是符合《劳动法》相关规定的具备劳动能力的自然人，他与用人单位之间是隶属关系；劳务关系中提供劳务的一方并不必须是自然人，也可以是法人或者其他组织，劳务关系中双方当事人的地位是平等的。（2）是否缴纳社会保险。用人单位应当依法为劳动者缴纳社会保险，劳务关系中的雇佣者则没有上述义务。（3）适用法律不同。劳动关系适用劳动法规，劳动法规属于典型的社会法，在综合权衡的基础上往往侧重于对作为弱势方劳动者的保护；劳务关系由《合同法》调整，属于私法调整范围，私法对当事人的权利平等保护。（4）解纷途径不同。发生劳动争议时，双方当事人可以选择调解解决，调解不成的由劳动仲裁委员会作出裁决，对裁决不服的可以提起诉讼；劳务关系的当

事人在发生纠纷时可以直接向人民法院提起诉讼。

由此可以看出，劳务关系与劳动关系根本不是一回事，具体到工伤认定上，劳动者因工作原因而受伤可以提请工伤认定，但劳务关系的当事人即便在工作中受伤也不享有工伤保险待遇。

3. 什么是认定劳资双方存在劳动关系的形式标准？

劳动者与用人单位间劳动关系的判断既可以依形式标准，也可以依实质标准。形式标准指的是劳动者已经与用人单位订有书面的劳动合同，正如《劳动法》第16条第1款所规定的：“劳动合同是劳动者与用人单位确立劳动关系、明确双方权利和义务的协议。”劳动合同为判断劳动关系的存在提供了基础依据，在实践中极少有因依劳动合同作出存有劳动关系的判断而提出异议的，争议往往集中在劳动关系的实质判断标准上。

4. 什么是认定劳资双方存在事实上的劳动关系的实质标准？

虽然劳资双方当以书面劳动合同的形式就工作内容、时间、报酬等加以固定，但实践中由于种种原因，用人单位与劳动者之间没有劳动合同的情况仍大量存在，这使事实劳动关系的发生成为可能。根据何种标准去认定事实劳动关系的存在是问题的核心所在，本书认为，事实劳动关系的认定应当根据劳动者是否实际接受用人单位的管理、指挥或者监督，劳动者提供的劳动是否是用人单位业务的组成部分，用人单位是否向劳动者提供基本劳动条件以及向劳动者支付报酬等因素综合认定。即便事实劳动关系不符合《劳动法》所规定的基本形式要求，但这种关系仍是受到我国劳动法规保护的。《最高人民法院关于审理劳动争议案件适用法律若干问题的解释（一）》第1条第2项规定，劳动者与用人单位之间没有订立书面劳动合同，但已形成劳动关系后发生的纠纷，属于《劳动法》第2条规定的劳动争议。

5. 劳动关系从何时起算？

工伤认定以存在劳动关系为前提，但是在用人单位与劳动者究竟从何时起正式形成劳动关系这一点上存有疑问，明确劳动关系起算时间对于确定受伤情形能否算作工伤具有重要意义。一种观点认为劳动关系当自签订劳动合同之日起形成，另一种则认为只有在正式用工后劳资双方才形成正式劳动关系。我国劳动法规采纳的是后一种说法，《劳动合同法》第7条明确规定："用人单位自用工之日起即与劳动者建立劳动关系。用人单位应当建立职工名册备查。”用工之日指的是用人单位在招聘新员工后对他们的工作进行安排，除正式开始从事生产作业外，熟悉工作环境、开展上岗培训、学习规章制度等都应当算作正式用工。能否形成劳动关系当以用工之日作为判断标准而不是合同订立之日，这同样也是工伤认定的重要参照。

在实际生活中，除用工之日与合同签订之日为同一天这种理想状态外，还可能存在以下两种特殊情形：（1）先签订劳动合同，经过一段时间再正式开始工作。在这种情况下，由于自合同订立到正式用工这段空白期并不能算作处于劳动关系下，即便劳动者声称自己的受伤存在着工作上的原因，也不能据此认定为工伤。（2）先工作后补签劳动合同。在这种情况下，只要劳动者受伤符合工伤认定条件的，都应当依法予以支持，切实保护劳动者的合法权益。

6. 什么是工伤？

《工伤保险条例》第1条对这一概念作了一个大致界定，工伤指的是“因工作遭受事故伤害或者患职业病”。一般认为工伤具有以下几个特征：（1）工伤是一种人身伤害，工伤直接威胁到劳动者的生命健康，并因此给劳动者本人及其家属造成巨大的痛苦；（2）工伤在发生时间及地点上具有特定性，工伤多发生在工作时间及工作场所内。但也有例外，在特殊情况下，如上下班、因工外出期间所受伤害也被认定为工伤，以及只要具有因果关系，即便不是当场发生的人身伤害也可以认作工伤。（3）工伤只能在合法的劳动关系中存续，对于在不具备用人资格的单位中因工作而受伤的人，他们的补偿标准适用由人力资源和社会保障部颁发的《非法用工单位伤亡人员一次性赔偿办法》。

7. 工伤与人身损害有何区别？

工伤与人身损害都涉及身体伤害，很多人将它们相混同，然而这是两个独立的法律术语，法律关系及法律后果也大不相同。一般认为工伤与人身损害的差别表现在以下几个方面：

（1）法律基础不同。存在法律上的劳动关系是认定工伤的前提，这同时表明它与普通的劳务是有区别的，各种不法侵害行为都有可能对当事人的生命、健康或身体造成损害，如果具体到劳动领域，发生在一般性的雇佣、帮工、承揽过程中的伤害往往不被认定为工伤，而被认为是人身损害。

（2）适用依据不同。工伤适用《工伤保险条例》及配套劳动法规，一般人身伤害则适用《民法通则》《侵权责任法》及人身损害司法解释。

（3）赔偿标准不同。工伤案件并不区分城市居民与农村居

民，人身损害案件则会因当事人户籍身份差异而在赔偿数额上有所区别，由于当前农村在经济发展上落后于城市，这种因身份差异而造成的赔偿数额上的差别有可能是巨大的。考虑到工伤案件的受害者多是农民工，申请认定工伤比主张人身损害赔偿能获得更多的赔偿数额。

（4）伤残鉴定机构不同。工伤由劳动能力鉴定委员会依据《劳动能力鉴定 职工工伤与职业病致残等级》加以鉴定；一般人身伤害则由司法鉴定机构鉴定，适用标准多为《道路交通事故受伤人员伤残评定》《医疗事故分级标准》。

（5）案件处理机构不同。工伤案件最终交劳动行政部门、劳动仲裁机构处理，而人身损害赔偿案件最终交法院审理。一般认为劳动能力鉴定的标准比司法鉴定的标准更细致，同样的伤情经工伤认定往往在经济上更有利于受害者，受害者能够得到更多的经济赔偿。

（6）责任分配不同。这既表现为举证责任上的不同，也表现为责任划分上的不同。工伤案件实行举证责任倒置，按照法律规定，当对伤害事实、工作年限以及工资标准有争议时，由用人单位负举证责任，用人单位举证不能的，就直接采信劳动者的主张；而一般人身伤害案件则实行“谁主张，谁举证”，受害人自己对伤害事实以及工资标准承担举证责任，举证不力时需要承担不利后果。此外，工伤适用无过错责任原则，不给劳动者划分过错责任，而一般人身伤害要根据双方的过错程度划分责任。

（7）后续赔偿问题。在一般人身损害赔偿纠纷中，除了后续治疗费外，一般都是一次性解决赔偿问题。而在工伤赔偿中，除了5—10级伤残可以一次性解决外，法律一般不允许1—4级伤残一次性赔偿解决，这是因为重度伤残往往严重影响伤者未来的生活，1—4级伤残的伤者每月可以领取伤残津贴，符合条件的还可以领取护理费。

（8）二次手术费用。二次手术是指在事故发生后，第一次手术完成后，被害人在后来康复过程中发现仍有进行后续手术治疗的需要而再次进行手术。如果存在后续治疗问题，在一般人身损害案件中，这笔费用往往由加害人或侵权人承担。而在工伤案件中，二次手术费由伤者自己负担。

（9）精神损害赔偿。在一般人身损害案件中，只要构成伤残等级，伤者就可以向法院提出精神损害赔偿请求，赔偿额度多在2000—5000元不等；而在工伤案件中则不存在精神抚慰金的说法。

（10）权利救济的时效不同。人身损害案件的诉讼时效是1年，从受伤之日起开始计算。工伤认定申请的时效也是1年，伤者及其家属应在受伤害或职业病鉴定后1年之内向劳动部门申请工伤认定。

 工伤与人身损害发生竞合后怎么办？

在现实生活中，工伤与人身损害常常重叠发生，如职工上下班途中发生的交通事故，这时应当如何处理？最高人民法院曾在不同时期就该问题做过多次表态。

最早是2006年的《最高人民法院关于因第三人造成工伤的职工或其亲属在获得民事赔偿后是否还可以获得工伤保险补偿问题的答复》："因第三人造成工伤的职工或其近亲属，从第三人处获得民事赔偿后，可以按照《工伤保险条例》第三十七条的规定，向工伤保险机构申请工伤保险待遇补偿。"2014年《最高人民法院关于审理工伤保险行政案件若干问题的规定》第8条第1、2款规定，"职工因第三人的原因受到伤害，社会保险行政部门以职工或者其近亲属已经对第三人提起民事诉讼或者获得民事赔偿为由，作出不予受理工伤认定申请或者不予认定工伤决定的，人民法院不予支持。职工因第三人的原因受到伤害，社会保险行政部门已经作出工伤认定，职工或者其近亲属未对第三人提起民事诉讼或者尚未获得民事赔偿，起诉要求社会保险经办机构支付工伤保险待遇的，人民法院应予支持。"这明显肯定了当发生工伤与人身损害竞合的情况时，当事人可以向任一主体求偿，但该条第3款紧接着规定："职工因第三人的原因导致工伤，社会保险经办机构以职工或者其近亲属已经对第三人提起民事诉讼为由，拒绝支付工伤保险待遇的，人民法院不予支持，但第三人已经支付的医疗费用除外。”这又明确否定了受害人有获得双份赔偿的可能。2015 年 12 月，最高人民法院民事审判第一庭庭长程新文在《关于当前民事审判工作中的若干具体问题》中重申了这一主旨：“社会保险制度是对受害人的一种基本社会保障，没有分散侵权人侵权责任的功能，第三人的侵权责任不能因为受害人获得社会保险的给付而减轻或免除；要注意保护社会保险管理机构的追偿权。如果社会保险制度规定社会保险管理机构向受害人支付保险待遇后有权就其中的部分或者全部向侵权人追偿，在相应的侵权纠纷案件中，可以通知其参加诉讼。”上述原则也体现在《社会保险法》第 41、42 条,《安全生产法》第 53 条,《职业病防治法》第 58 条中。

由此得出的结论是：当工伤与人身损害发生竞合后，受害人既可以要求加害人予以赔偿，也可以向用人单位提请工伤认定，但最终只能获得一份赔偿。

9. 工伤与劳动过程中的伤亡事故有什么不同?

工伤与劳动过程中的伤亡事故具有一定的相似性，但二者并不完全相同，不能相混淆。《企业职工伤亡事故分类标准》

GB6441—86 将伤亡事故定义为“企业职工在生产劳动过程中发生的人身伤害、急性中毒”。由此可以看出，伤亡事故与工伤在覆盖范围上是有差异的。属于工伤但不属于伤亡事故的情况主要有：单纯的轻伤事故；不属于急性中毒事故的职业病；职工在工作时间、工作场所外发生的事故等。此外，伤亡事故分轻伤、重伤和死亡三类，而工伤则分为十级伤残和因工死亡。对伤亡事故的统计主要是出于生产安全的考量，通过对伤亡的及时报告以了解事故发生原因，确定事故造成的经济损失，惩处相关责任人，制定必要的措施以防范日后类似事故的出现；工伤调查则注重保障劳动者基本生活，对符合相应条件的要及时确认为工伤，并给予相应工伤保险待遇。

10. 工伤与公伤是一回事吗？

虽然现行《工伤保险条例》已经适用于普通事业单位职工，但“工伤”与“公伤”仍然是两个完全不同的概念。有关公伤的适用主要体现在《军人抚恤优待条例》《公务员法》《烈士褒扬条例》这三部法规中。《军人抚恤优待条例》第 9 条对现役军人因公牺牲的情形作了规定，第 21 条对现役军人因战、因公、因病致残的情形作了规定。《公务员法》第 83 条第 2 款规定：“公务员因公牺牲或者病故的，其亲属享受国家规定的抚恤和优待。”《烈士褒扬条例》第8条对评定烈士的情形作出了规定。可见，公伤主要是因执行公务而导致的伤残、牺牲，主要发生在军人与公务员群体间。大体而言，工伤与公伤的主要区别在于：

（1）发生主体不同。工伤发生在劳动关系中，也就是用人单位和劳动者之间。公伤发生在国家机关、参照《公务员法》管理的事业单位和社会团体与其工作人员之间，这种关系不属于劳动关系，带有行政属性。

（2）待遇依据不同。工伤待遇由《工伤保险条例》和地方行政法规确定。公伤待遇由人事、劳动和社会保障部门会同财政部门制定，如《军人抚恤优待条例》第27条规定，“残疾军人的抚恤金标准应当参照全国职工平均工资水平确定。残疾抚恤金的标准以及一级至十级残疾军人享受残疾抚恤金的具体办法，由国务院民政部门会同国务院财政部门规定。”

（3）参保情况不同。工伤可参加工伤保险，享受工伤保险待遇。公伤不可参加工伤保险，不能享受工伤保险待遇，而是享受相关的公伤待遇。

（4）支付主体不同。工伤享受工伤保险待遇，参加工伤保险的，由工伤保险基金按规定支付；未参加工伤保险的，由用人单位比照工伤保险待遇支付。公伤待遇视情形不同，支付主体也不同，如《军人抚恤优待条例》第26条规定：“退出现役的残疾军人，

按照残疾等级享受残疾抚恤金。残疾抚恤金由县级人民政府民政部门发给。因工作需要继续服现役的残疾军人，经军队军级以上单位批准，由所在部队按照规定发给残疾抚恤金。”

11. 如何理解工伤认定中的无过错责任原则？

无过错责任原则是指在法律有特别规定的情况下，以已经发生的损害结果为价值判断标准，与该损害结果有因果关系的行为人，不论其有无过错，都要承担侵权赔偿责任的归责原则。只要符合《工伤保险条例》第 14、15 条关于认定工伤、视同工伤且不具备第 16 条规定的禁止认定工伤情形的受伤职工，都可以提起工伤认定，当事人主观上是否具有过错并不影响最后的认定结果，即便劳动者本人对事故的发生负有相当大的责任，雇主仍应当依法向劳动者支付因伤而承受的直接经济损失。这标志着我国在工伤认定上适用的是无过错责任原则。工伤认定适用无过错责任原则是世界各国的普遍做法。

12. 过错责任原则和无过错责任原则有什么区别？

与无过错责任原则相对的是过错责任原则，是以过错作为价值判断标准，判断行为人对其造成的损害应否承担侵权责任的归责原则。在民事法律领域，故意和过失统称为过错，是构成一般侵权行为的要素。故意是指行为人已经预见到自己行为的损害后果，仍然积极地追求或者听任该后果的发生。过失是指行为人因未尽合理的注意义务而未能预见损害后果，并致损害后果发生。过错是指当事人通过其实施的侵权行为所表现出来的在法律和道德上应受非难的故意和过失状态。不同于无过错责任原则，在过错责任原则中，行为人主观心态不仅会影响到责任构成，还会影响到责任范围。在一般情况下，只要行为人有过错，就构成侵权责任。但在某些特殊情形下，仅仅有一般的过错还不足以构成侵权责任，如只有故意侵害他人名誉权才构成侵权责任。

13. 劳动合同中约定工伤概不负责是否有效？

工伤保险制度的设立不仅客观上有助于保障员工的劳动权益，也分散了用人单位的风险，为职工购买工伤保险是每个用人单位应尽的义务，《职业病防治法》第7条第1款明确规定："用人单位必须依法参加工伤保险。"

工伤保险费用应全部由用人单位缴纳，但实践中常常会出现部分企业为了降低用工成本而在劳动合同中与员工约定"工伤概不负责"，这样的约定是不具备法律效力的，即便劳动者在

标有类似条款的劳动合同上签字，也不能免除用人单位缴纳工伤保险的义务。

但载有“工伤概不负责”条款并不意味着整个劳动合同全部无效，部分条款违反了法律的强制性规定，是可以确认劳动合同部分无效的，被确认无效的部分如果不影响其余部分的效力，其余部分仍然是有效的。举例而言，劳动合同中“工伤概不负责”这样的条款当然不具备法律效力，如果合同中其余关于劳动内容、劳动时间、工资报酬的规定是符合相关法律规定的，那么这些部分仍然是有效的，用人单位与劳动者仍然应当按照上述约定各自履行相应义务。

14. 发生工伤后应当采取哪些措施?

（1）抢救伤员。工伤事故的发生往往伴随着人身伤害，因此一定要在第一时间将伤者送往医院进行治疗，尽最大可能缓解伤者所遭受的身体痛苦。若情况并不十分紧急，在送医时需要注意的是，尽量将伤者送往工伤保险指定医院进行救治或者送往邻近医疗机构进行紧急处置后再送往工伤保险指定医院，如果送往非指定医疗机构，那么需要在事后征得社保中心认可，并由定点医院出具医疗终结鉴定和诊断。

（2）保护现场。事故发生现场的隐患可能并未完全排除，在救治伤者后，要对事故地点进行必要的隔离，一方面有助于后续工伤认定取证工作的开展，另一方面有助于查明事故发生原因，在原因没有调查清楚、风险还可能存在的情况下，相关岗位应当暂时停工，以避免类似情况的再次发生。

（3）及时报告。事故发生后，本人或周边同事应当立即（至迟不超过第二天）向单位领导汇报，让领导及时了解情况并作出相应的判断。单位领导在接到事故通知后应当如实将情况反映给劳动部门、社会保险机构和国保规定的相关部门，对于故意拖延报告甚至隐瞒事故发生、破坏事故现场者，劳动部门及社会保险部门当依法予以惩处。

（4）慰问伤者。工伤事故不仅给受害者带来巨大的身体痛苦，受伤这一事实本身也会引发伤者本人及其家属较重的精神负担。用人单位在事故发生后应当适时组织人员去医院探望，就治疗及后续工作进行解释说明，宽慰伤者及家属，让职工能够安心住院恢复健康。

第二节 职业病

15. 什么是职业病？

职业病指的是企业、事业单位和个体经济组织等用人单位的劳动者在职业活动中，因接触粉尘、放射性物质和其他有毒、有害因素而引起的疾病。随着近代大工业生产的推进以及化学化工品的广泛运用，劳动者罹患职业病的风险大幅提升，职业病不仅危害人数众多，也具有分布行业广、流动性强、发病期长及隐匿性等特征。2009 年患有尘肺病的河南新密人张海超因多次无法拿到法定诊断机构的职业病鉴定结果而选择主动爬上手术台要求“开胸验肺”，这一事件当即引发舆论热议，也使得有关如何预防、控制、消除职业病危害的话题被再度点燃。

16. 职业病分为哪几类？

根据 2013 年 12 月 23 日修订的《职业病分类和目录》，目前我国法定职业病共分10大类、132种，具体如下：

（1）职业性尘肺病及其他呼吸系统疾病。具体包括：矽肺；煤工尘肺；石墨尘肺；碳黑尘肺；石棉肺；滑石尘肺；水泥尘肺；云母尘肺；陶工尘肺；铝尘肺；电焊工尘肺；铸工尘肺；根据《尘肺病诊断标准》和《尘肺病理诊断标准》可以诊断的其他尘肺病；过敏性肺炎；棉尘病；哮喘；金属及其化合物粉尘肺沉着病（锡、铁、锑、钡及其化合物等）；刺激性化学物所致慢性阻塞性肺疾病；硬金属肺病。

（2）职业性皮肤病。具体包括：接触性皮炎；光接触性皮炎；电光性皮炎；黑变病；痤疮；溃疡；化学性皮肤灼伤；白斑；根据《职业性皮肤病的诊断总则》可以诊断的其他职业性皮肤病。

（3）职业性眼病。具体包括：化学性眼部灼伤；电光性眼炎；白内障（含放射性白内障、三硝基甲苯白内障）。

（4）职业性耳鼻喉口腔疾病。具体包括：噪声聋；铬鼻病；牙酸蚀病；爆震聋。

（5）职业性化学中毒。具体包括：铅及其化合物中毒（不包括四乙基铅）；汞及其化合物中毒；锰及其化合物中毒；镉及其化合物中毒；铍病；铊及其化合物中毒；钡及其化合物中毒；钒及其化合物中毒；磷及其化合物中毒；砷及其化合物中毒；铀及其化合物中毒；砷化氢中毒；氯气中毒；二氧化硫中毒；光气中毒；氨中毒；偏二甲基肼中毒；氮氧化合物中毒；一氧化碳中毒；二硫化碳中毒；硫化氢中毒；磷化氢、磷化锌、磷化铝中毒；氟及其无机化合物中毒；氰及腈类化合物中毒；四乙基铅中毒；有机锡中毒；羰基镍中毒；苯中毒；甲苯中毒；二甲苯中毒；正己烷中毒；汽油中毒；一甲胺中毒；有机氟聚合物单体及其热裂解物中毒；二氯乙烷中毒；四氯化碳中毒；氯乙烯中毒；三氯乙烯中毒；氯丙烯中毒；氯丁二烯中毒；苯的氨基及硝基化合物（不包括三硝基甲苯）中毒；三硝基甲苯中毒；甲醇中毒；酚中毒；五氯酚（钠）中毒；甲醛中毒；硫酸二甲酯中毒；丙烯酰胺中毒；二甲基甲酰胺中毒；有机磷中毒；氨基甲酸酯类中毒；杀虫脒中毒；溴甲烷中毒；拟除虫菊酯类中毒；铟及其化合物中毒；溴丙烷中毒；碘甲烷中毒；氯乙酸中毒；环氧乙烷中毒；上述条目未提及的与职业有害因素接触之间存在直接因果联系的其他化学中毒。

（6）物理因素所致职业病。具体包括：中暑；减压病；高原病；航空病；手臂振动病；激光所致眼（角膜、晶状体、视网膜）损伤；冻伤。

（7）职业性放射性疾病。具体包括：外照射急性放射病；外照射亚急性放射病；外照射慢性放射病；内照射放射病；放射性皮肤疾病；放射性肿瘤（含矿工高氡暴露所致肺癌）；放射性骨损伤；放射性甲状腺疾病；放射性性腺疾病；放射复合伤；根据《职业性放射性疾病诊断标准（总则）》可以诊断的其他放射性损伤。

（8）职业性传染病。具体包括：炭疽；森林脑炎；布鲁氏菌病；艾滋病（限于医疗卫生人员及人民警察）；莱姆病。

（9）职业性肿瘤。具体包括：石棉所致肺癌、间皮瘤；联苯胺所致膀胱癌；苯所致白血病；氯甲醚、双氯甲醚所致肺癌；砷及其化合物所致肺癌、皮肤癌；氯乙烯所致肝血管肉瘤；焦炉逸散物所致肺癌；六价铬化合物所致肺癌；毛沸石所致肺癌、胸膜间皮瘤；煤焦油、煤焦油沥青、石油沥青所致皮肤癌；β－萘胺所致膀胱癌。

（10）其他职业病。具体包括：金属烟热；滑囊炎（限于井下工人）；股静脉血栓综合征、股动脉闭塞症或淋巴管闭塞症（限于刮研作业人员）。

17. 哪些情形能够被认定为职业病？

情景再现

形象气质俱佳的小陈被公司派驻前台负责接待工作。由于工作性质，小陈在绝大多数时间里都是坐着的。工作一年半后，小陈明显感觉到自己的腰椎很不适，去医院检查后被认定为腰椎间盘突出。小陈认为自己的腰伤正是因为久坐导致的，应当被认定为职业病，属于工伤认定的范围，公司应当向自己支付必要的经济赔偿。小陈的这种说法能够找到法律上的依据吗？

法律分析

虽然本案中的小陈与用人单位存在合法的劳动关系，具备工伤认定的主体资格，但小陈所患的腰椎间盘突出并不在《职业病分类和目录》中，因此她所受的伤病并不能被认定为工伤。

《工伤保险条例》第 14 条规定，患有职业病的职工应当被认定为工伤。这样的原则性规定极容易使人认为只要可能与工作存在关联的伤痛都可以视为职业病，进而被认定为工伤，这实在是一种误解。某种持续性的伤痛被认定为职业病应当符合以下两个基本条件：

（1）只有列在《职业病分类和目录》中的疾病才有可能被认定为工伤，其他的一律不能被认定为工伤。

（2）只有《工伤保险条例》覆盖范围内的劳动者因工作所患的疾病才有可能被认定为职业病。这就将下列人群从职业病认定主体中排除出去：国家机关和依照或者参照国家公务员制度进行人事管理的工作人员（虽然在实践中，上述人员发生公伤或公亡时，可以比照《工伤保险条例》享受相应待遇，但“工伤”与“公伤”仍旧是两个不完全相同的概念）；在不具备用人资质的单位中工作的人员，即通常所说的非法用工人员。

18. 检查职业病要去哪儿？

并非所有医疗机构都可以进行职业健康检查，只有由省级以上人民政府卫生行政部门批准的医疗卫生机构才具备相应资质。根据 2015 年出台的《职业健康检查管理办法》第 5 条第 1 款的规定，在确定具体承担检查任务的机构上，主要的评价标准如下："（一）持有《医疗机构执业许可证》，涉及放射检查项目的还应当持有《放射诊疗许可证》；（二）具有相应的职业健康检查场所、候检场所和检验室，建筑总面积不少于 400 平方米，每个独立的检查室使用面积不少于 6 平方米；（三）具有与批准开展的职业健康检查类别和项目相适应的执业医师、护士等医疗卫生技术人员；（四）至少具有 1 名取得职业病诊断资格的执业医师；（五）具有与批准开展的职业健康检查类别和项目相适应的仪器、设备；开展外出职业健康检查，应当具有相应的职业健康检查仪器、设备、专用车辆等条件；（六）建立职业健康检查质量管理制度。"

19. 如何开展职业病诊断？

《职业病诊断与鉴定管理办法》对职业病的鉴定流程作出系

统规定，大致上可以分为以下几个步骤：

（1）提出申请。劳动者可以选择用人单位所在地、本人户籍所在地或者经常居住地的职业病诊断机构进行职业病诊断。劳动者依法要求进行职业病诊断的，职业病诊断机构应当接诊，并告知劳动者职业病诊断的程序和所需材料。提出职业病诊断申请的劳动者需要提交以下材料：①劳动者职业史和职业病危害接触史（包括在岗时间、工种、岗位、接触的职业病危害因素名称等）；②劳动者职业健康检查结果；③工作场所职业病危害因素检测结果；④职业性放射性疾病诊断还需要个人剂量监测档案等资料；⑤与诊断有关的其他资料。

（2）组织诊断。职业病诊断机构在进行职业病诊断时，应当组织 3 名以上单数职业病诊断医师进行集体诊断。从事职业病诊断的医师应当具备下列条件，并取得省级卫生行政部门颁发的职业病诊断资格证书：①具有医师执业证书；②具有中级以上卫生专业技术职务任职资格；③熟悉职业病防治法律法规和职业病诊断标准；④从事职业病诊断、鉴定相关工作 3 年以上；⑤按规定参加职业病诊断医师相应专业的培训，并考核合格。

（3）出具结论。职业病诊断医师应当独立分析、判断、提出诊断意见，任何单位和个人无权干预。职业病诊断机构在进行职业病诊断时，诊断医师对诊断结论有意见分歧的，应当根据半数以上诊断医师的一致意见形成诊断结论，对不同意见应当如实记录。参加诊断的职业病诊断医师不得弃权。职业病诊断机构可以根据诊断需要，聘请其他单位职业病诊断医师参加诊断。必要时，可以邀请相关专业专家提供咨询意见。职业病诊断机构作出职业病诊断结论后，应当出具职业病诊断证明书。职业病诊断证明书应当包括以下内容：①劳动者、用人单位基本信息。②诊断结论。确诊为职业病的，应当载明职业病的名称、程度（期别）、处理意见。③诊断时间。职业病诊断证明书应当由参加诊断的医师共同签署，并经职业病诊断机构审核盖章。职业病诊断证明书一式三份，劳动者、用人单位各一份，诊断机构存档一份。

（4）通知报告。职业病诊断机构发现职业病病人或者疑似职业病病人时，应当及时向所在地卫生行政部门报告。确诊为职业病的，职业病诊断机构可以根据需要，向相关监管部门、用人单位提出专业建议。

20. 职业病诊断应当考虑哪些因素？

职业病诊断应当综合分析下列因素：（1）病人的职业史；（2）职业病危害接触史和工作场所职业病危害因素情况；（3）临床表现以及辅助检查结果等。没有证据否定职业病危害因素与病人临床表现之间有必然联系的，应当诊断为职业病。

职业病诊断证明书应当由参与诊断的取得职业病诊断资格的

执业医师签署，并经承担职业病诊断的医疗卫生机构审核盖章。

21. 哪些情形下，职业病鉴定专家应当回避？

《职业病防治法》在法律上建立了职业病鉴定专家回避制度，该法第 54 条第 1 款规定：“职业病诊断鉴定委员会组成人员应当遵守职业道德，客观、公正地进行诊断鉴定，并承担相应的责任。职业病诊断鉴定委员会组成人员不得私下接触当事人，不得收受当事人的财物或者其他好处，与当事人有利害关系的，应当回避。”由此可知，在以下三种情况下，职业病鉴定专家应当回避：（1）是当事人或者当事人的近亲属的；（2）与鉴定结果存有利害关系的；（3）与申请鉴定人存在其他利害关系，可能影响到公正履职的。

22. 开展职业病诊断的医疗卫生机构需要提交哪些材料？

达到以上标准的医疗卫生机构可以向省级卫生行政部门申请开展职业病诊断，需要提交的材料包括：（1）职业病诊断机构申请表；（2）《医疗机构执业许可证》及副本的复印件；（3）与申请开展的职业病诊断项目相关的诊疗科目及相关资料；（4）与申请项目相适应的职业病诊断医师等相关医疗卫生技术人员情况；（5）与申请项目相适应的场所和仪器、设备清单；（6）职业病诊断质量管理制度有关资料;(7)省级卫生行政部门规定提交的其他资料。

经过批准可以进行职业病诊断的医疗卫生机构，由省级卫生计生行政部门颁发《职业健康检查机构资质批准证书》，并注明相应的职业健康检查类别和项目。进行职业健康检查机构的名单、地址、检查类别和项目等相关信息应当由省级卫生计生行政部门及时向社会公布。

23. 对职业病诊断结果有异议应当如何处理?

如果用人单位或劳动者对职业病诊断机构出具的诊断结论有异议的，可以在接到职业病诊断证明书之日起 30 日内，向职业病诊断机构所在地设区的市级卫生行政部门申请鉴定。接到异议申请的卫生行政部门应当根据申请及时组织职业病鉴定委员会进行鉴定，卫生行政部门也可以指定办事机构，具体承担职业病鉴定的组织和日常性工作。职业病鉴定办事机构的职责是:(1)接受当事人申请;(2)组织当事人或者接受当事人委托抽取职业病鉴定专家;(3)组织职业病鉴定会议，负责会议记录、职业病鉴定相关文书的收发及其他事务性工作;(4)建立并管理职业病鉴定档案;(5)承担卫生行政部门委托的有关职业病鉴定的其他工作。职业病诊断机构不能作为职业病鉴定办事机构。

 对职业病二次诊断结果仍有异议应当如何处理?

如果当事人对于设区的市级卫生行政部门的鉴定结论依然不服，还可以在接到鉴定书之日起 15 日内，向原鉴定组织所在地省级卫生行政部门申请再鉴定。鉴定时由当事人或当事人委托卫生行政部门从省、自治区、直辖市卫生行政部门已经建立的职业病鉴定专家库中随机抽取专家组成专家组进行诊断。专家库应当以取得各类职业病诊断资格的医师为主要成员，吸收临床相关学科、职业卫生、放射卫生等相关专业的专家组成。专家应当具备下列条件:（1）具有良好的业务素质和职业道德;（2）具有相关专业的高级专业技术职务任职资格;（3）熟悉职业病防治法律法规和职业病诊断标准;（4）身体健康，能够胜任职业病鉴定工作。在经当事人同意的情况下，职业病鉴定办事机构可以根据鉴定需要聘请本省、自治区、直辖市以外的相关专业专家作为专家组成员，并有表决权。需要注意的是，职业病鉴定实行两级鉴定制，省级职业病鉴定结论为最终鉴定。

25. 谁应当为职业病买单?

关于因职业病而产生的各种费用问题，我国劳动法规有着较为详尽的规定，在不同情形下，费用的承担主体是不一样的，主要有以下两种情况：

（1）单位承担的费用类型

①职业健康检查费用。《职业病防治法》第35条第1款规定："对从事接触职业病危害的作业的劳动者，用人单位应当按照国务院卫生行政部门的规定组织上岗前、在岗期间和离岗时的职业健康检查，并将检查结果书面告知劳动者。职业健康检查费用由用人单位承担。"

②救治急性职业病危害中的劳动者所产生的费用。《职业病防治法》第37条规定："发生或者可能发生急性职业病危害事故时，用人单位应当立即采取应急救援和控制措施，并及时报告所在地卫生行政部门和有关部门。卫生行政理部门接到报告后，应当及时会同有关部门组织调查处理；必要时，可以采取临时控制措施。卫生行政部门应当组织做好医疗救治工作。对遭受或者可能遭受急性职业病危害的劳动者，用人单位应当及时组织救治、进行健康检查和医学观察，所需费用由用人单位承担。"

③职业病诊断费用。《职业病防治法》第55条第3款规定："疑似职业病病人在诊断、医学观察期间的费用，由用人单位承担。"

④因职业病而需要治疗的相关费用。确诊职业病的职工可

以申请工伤认定，《工伤保险条例》对因治疗而产生的费用有相关规定，如治疗费用中有符合工伤保险药品目录、工伤保险住院服务标准的，从工伤保险基金中支付。经医疗机构出具证明，需要转移到异地进行治疗的，所需食宿、交通费用由所在单位按因工出差标准报销。因需要治疗而处于停工留薪期的劳动者，工资福利待遇不变，由用人单位按月支付。

（2）工伤保险基金承担的费用类型

主要包括因职业病而进行劳动能力鉴定的鉴定费用。《工伤保险条例》第12条第1款规定："工伤保险基金存入社会保障基金财政专户，用于本条例规定的工伤保险待遇，劳动能力鉴定，工伤预防的宣传、培训等费用，以及法律、法规规定的用于工伤保险的其他费用的支付。"

26. 用人单位违反《职业病防治法》的相关规定将会承担怎样的后果？

用人单位和医疗卫生机构未按照规定报告职业病、疑似职业病的，由有关主管部门依据职责分工责令限期改正，给予警告，可以并处一万元以下的罚款；弄虚作假的，并处2万元以上5万元以下的罚款；对直接负责的主管人员和其他直接责任人员，可以依法给予降级或者撤职的处分。

有下列情形之一的，由卫生行政部门责令限期治理，并处5万元以上30万元以下的罚款；情节严重的，责令停止产生职业病危害的作业，或者提请有关人民政府按照国务院规定的权限责令关闭：（1）隐瞒技术、工艺、设备、材料所产生的职业病危害而采用的。（2）隐瞒本单位职业卫生真实情况的。（3）可能发生急性职业损伤的有毒、有害工作场所，放射工作场所和放射性同位素的运输、贮存不符合《职业病防治法》第25条规定的，即“对可能发生急性职业损伤的有毒、有害工作场所，用人单位应当设置报警装置，配置现场急救用品、冲洗设备、应急撤离通道和必要的泄险区。对放射工作场所和放射性同位素的运输、贮存，用人单位必须配置防护设备和报警装置，保证接触放射线的工作人员佩戴个人剂量计。对职业病防护设备、应急救援设施和个人使用的职业病防护用品，用人单位应当进行经常性的维护、检修，定期检测其性能和效果，确保其处于正常状态，不得擅自拆除或者停止使用”。（4）使用国家明令禁止使用的可能产生职业病危害的设备或者材料的。（5）将产生职业病危害的作业转移给没有职业病防护条件的单位和个人，或者没有职业病防护条件的单位和个人接受产生职业病危害的作业的。（6）擅自拆除、停止使用职业病防护设备或者应急救援设施的。（7）安排未经职业健康检查的劳动者、有职业禁忌的劳动者、未成年工或者孕期、哺乳期女职工从事接触职业病危害的作业或者禁忌作业的。（8）违章指挥和强令劳动者进行没有职业病防护措施的作业的。

用人单位违反《职业病防治法》的相关规定，已经对劳动者生命健康造成严重损害的，由卫生行政部门责令停止产生职业病危害的作业，或者提请有关人民政府按照国务院规定的权限责令关闭，并处 10 万元以上 50 万元以下的罚款。已经造成重大职业病危害事故或者其他严重后果，构成犯罪的，对直接负责的主管人员和其他直接责任人员，依法追究刑事责任。

27. 医疗机构违反《职业病防治法》的相关规定将会承担怎样的后果?

未取得职业卫生技术服务资质认可擅自从事职业卫生技术服务的，由卫生行政部门责令立即停止违法行为，没收违法所得；违法所得 5000 元以上的，并处违法所得 2 倍以上 10 倍以下的罚款；没有违法所得或者违法所得不足 5000 元的，并处 5000 元以上 5 万元以下的罚款；情节严重的，对直接负责的主管人员和其他直接责任人员，依法给予降级、撤职或者开除的处分。

从事职业卫生技术服务的机构和承担职业病诊断的医疗

卫生机构违反《职业病防治法》第80条的规定，有下列行为之一的，由卫生行政部门责令立即停止违法行为，给予警告，没收违法所得；违法所得5000元以上的，并处违法所得2倍以上5倍以下的罚款；没有违法所得或者违法所得不足5000元的，并处5000元以上20000万元以下的罚款；情节严重的，由原认可或者登记机关取消其相应的资格；对直接负责的主管人员和其他直接责任人员，依法给予降级、撤职或者开除的处分；构成犯罪的，依法追究刑事责任：（1）超出资质认可或者诊疗项目登记范围从事职业卫生技术服务或者职业病诊断的；（2）不按照本法规定履行法定职责的；（3）出具虚假证明文件的。

28. 职业病鉴定委员会组成人员违反《职业病防治法》的相关规定将会承担怎样的后果？

职业病诊断鉴定委员会组成人员收受职业病诊断争议当事人的财物或者其他好处的，给予警告，没收收受的财物，可以并处3000元以上50000万元以下的罚款，取消其担任职业病诊断鉴定委员会组成人员的资格，并从省、自治区、直辖市人民政府卫生行政部门设立的专家库中予以除名。

29. 行政机关违反《职业病防治法》的相关规定将会承担怎样的后果？

卫生行政部门不按照规定报告职业病和职业病危害事故的，由上一级行政部门责令改正，通报批评，给予警告；虚报、瞒报的，对单位负责人、直接负责的主管人员和其他直接责任人员依法给予降级、撤职或者开除的处分。县级以上地方人民政府在职业病防治工作中未依照《职业病防治法》履行职责，本行政区域出现重大职业病危害事故、造成严重社会影响的，依法对直接负责的主管人员和其他直接责任人员给予记大过直至开除的处分。县级以上人民政府职业卫生监督管理部门不履行《职业病防治法》规定的职责，滥用职权、玩忽职守、徇私舞弊，依法对直接负责的主管人员和其他直接责任人员给予记大过或者降级的处分；造成职业病危害事故或者其他严重后果的，依法给予撤职或者开除的处分。

30. 各级政府在职业健康检查中承担什么样的职能？

总体而言，各级政府在督促用人单位按时组织劳动者进行职业检查、筛选符合资质可以承担职业健康检查工作的卫生医疗机构、处罚违规用人单位与医疗机构上发挥着重要作用。但在具体职责的划分上又会因不同级别的政府而有所区别，区县级政府在其中发挥着最为主要的作用。各级政府的具体分工如下：

县级以上地方卫生计生行政部门应当加强对本辖区职业健康检查机构的监督管理。按照属地化管理原则，制定年度监督检查计划，做好职业健康检查机构的监督检查工作。监督检查主要内容包括：（1）相关法律法规、标准的执行情况；（2）按照批准的类别和项目开展职业健康检查工作的情况；（3）外出职业健康检查工作情况；（4）职业健康检查质量控制情况；（5）职业健康检查结果、疑似职业病的报告与告知情况；（6）职业健康检查档案管理情况等。县级以上地方卫生计生行政部门监督检查时，有权查阅或者复制有关资料，职业健康检查机构应当予以配合。省级卫生计生行政部门应当对本辖区内的职业健康检查机构进行定期或者不定期抽查；设区的市级卫生计生行政部门每年应当至少组织一次对本辖区内职业健康检查机构的监督检查；县级卫生计生行政部门负责日常监督检查。

31. 违规开展职业病检查将会承担什么样的后果？

《职业健康检查管理办法》第26条规定："职业健康检查机

构有下列行为之一的，由县级以上地方卫生计生行政部门责令限期改正，并给予警告；逾期不改的，处五千元以上三万元以下罚款：（一）未指定主检医师或者指定的主检医师未取得职业病诊断资格的；（二）未建立职业健康检查档案的；（三）违反本办法其他有关规定的。”

职业健康检查机构出租、出借《职业健康检查机构资质批准证书》的，由县级以上地方卫生计生行政部门予以警告，并处 3 万元以下罚款；伪造、变造或者买卖《职业健康检查机构资质批准证书》的，按照《治安管理处罚法》的有关规定进行处理；情节严重的，依法对直接负责的主管人员和其他直接责任人员，给予降级、撤职或者开除的处分；构成犯罪的，依法追究刑事责任。

第三节 劳动者权利与用人单位的保护责任

32. 在劳动安全保护上，劳动者可以享受哪些权利？

劳动者不仅享有平等就业和选择职业的权利、取得劳动报酬的权利、休息休假的权利、接受职业技能培训的权利、享受社会保险和福利的权利、提请劳动争议处理的权利等，获得劳动安全卫生保护的权利也是劳动者众多劳动权利当中的重要一项。以法律的形式固定劳动者在安全卫生方面可以享有的权利不仅有助于提高劳动者的安全意识，降低工伤发生率，也有助于及早预防职业病的产生。

《职业病防治法》第 39 条对此作了细化规定，劳动者依法可以享有的职业卫生保护权利包括但不限于以下几种：“（一）获得职业卫生教育、培训；（二）获得职业健康检查、职业病诊疗、康复等职业病防治服务；（三）了解工作场所产生或者可能产生的职业病危害因素、危害后果和应当采取的职业病防护措施；（四）要求用人单位提供符合防治职业病要求的职业病防护设施和个人使用的职业病防护用品，改善工作条件；（五）对违反职业病防治法律、法规以及危及生命健康的行为提出批评、检举和控告；（六）拒绝违章指挥和强令进行没有职业病防护措施的作业；（七）参与用人单位职业卫生工作的民主管理，对职业病防治工作提出意见和建议。用人单位应当保障劳动者行使前款所列权利。因劳动者依法行使正当权利而降低其工资、福利等待遇或者解除、终止与其订立的劳动合同的，其行为无效。”

33. 用人单位在职业卫生保护上应当履行哪些义务？

劳动者安全卫生保护权利的实现离不开用人单位履行相关义务，劳动者在工作过程中不仅实现了自身价值，也为企业带来了效益与产出。或许对于企业来说，劳动者的受伤只意味着重新招用新的员工，但工伤会给职工本人及其家庭带来极为深远的影响。用人单位应当尽可能创造良好的劳动环境，使职工较少地为劳动安全而忧虑，最大限度地降低事故发生率。

为此，用人单位应当依法履行以下劳动安全保护义务：（1）为劳动者创造符合国家职业卫生标准和卫生要求的工作环境和条件，并采取措施保障劳动者获得职业卫生保护；（2）建立、健全职业病防治责任制，加强对职业病防治的管理，提高职业病防治水平，对本单位产生的职业病危害承担责任；（3）依法参加工伤保险，在包括试用期在内的合同期内，用人单位应为劳动者缴纳工伤保险，这是其必须履行的法定义务。

34. 用人单位在职业卫生保护上可以采取哪些先期举措?

除了以上所说的原则性规定外，在员工正式开始工作前，用人单位可以采取一系列先期举措，以使职业病的发生率降到最低，《职业病防治法》在这一方面有着完善的规定。

（1）风险告知。用人单位与劳动者订立劳动合同（含聘用合同）时，应当将工作过程中可能产生的职业病危害及其后果、职业病防护措施和待遇等如实告知劳动者，并在劳动合同中写明，不得隐瞒或者欺骗。劳动者在已订立劳动合同期间因工作岗位或者工作内容变更，从事与所订立劳动合同中未告知的存在职业病危害的作业时，用人单位应当依照前述规定，向劳动者履行如实告知的义务，并协商变更原劳动合同相关条款。

（2）卫生培训。用人单位的主要负责人和职业卫生管理人员应当接受职业卫生培训，遵守职业病防治法律、法规，依法组织本单位的职业病防治工作。用人单位应当对劳动者进行上岗前的职业卫生培训和在岗期间的定期职业卫生培训，普及职业卫生知识，督促劳动者遵守职业病防治法律、法规、规章和操作规程，指导劳动者正确使用职业病防护设备和个人使用的

职业病防护用品。

（3）环境保障。产生职业病危害的用人单位除应当符合法律、行政法规规定的设立条件外，其工作场所还应当符合职业卫生要求。

（4）如实报告。用人单位工作场所存在职业病目录所列职业病的危害因素的，应当及时、如实向所在地卫生行政部门申报危害项目，接受监督。

（5）危害评估。新建、扩建、改建建设项目和技术改造、技术引进项目（以下统称“建设项目”）可能产生职业病危害的，建设单位在可行性论证阶段应当进行职业病危害预评价。医疗机构建设项目可能产生放射性职业病危害的，建设单位应当向卫生行政部门提交放射性职业病危害预评价报告。

（6）安全验收。医疗机构可能产生放射性职业病危害的建设项目在竣工验收时，其放射性职业病防护设施经卫生行政部门验收合格后，方可投入使用；其他建设项目的职业病防护设施应当由建设单位负责依法组织验收，验收合格后，方可投入生产和使用。

35. 用人单位在生产过程中可以采取哪些举措以提供职业卫生保护？

做足职业卫生保护的前期工作是降低工伤以及职业病发生

率的有效途径，但这只是途径之一，而不是唯一途径除了生产前的安全准备工作外，用人单位也有必要在生产过程中为劳动者提供充分保障。

（1）用人单位应当采取下列职业病防治管理措施：设置或者指定职业卫生管理机构或者组织，配备专职或者兼职的职业卫生管理人员，负责本单位的职业病防治工作；制定职业病防治计划和实施方案；建立、健全职业卫生管理制度和操作规程；建立、健全职业卫生档案和劳动者健康监护档案；建立、健全工作场所职业病危害因素监测及评价制度；建立、健全职业病危害事故应急救援预案。

（2）用人单位必须采用有效的职业病防护设施，并为劳动者提供个人使用的职业病防护用品。用人单位为劳动者个人提供的职业病防护用品必须符合防治职业病的要求，不符合要求的不得使用。

（3）用人单位应当优先采用有利于防治职业病和保护劳动者健康的新技术、新工艺、新设备、新材料，逐步替代职业病危害严重的技术、工艺、设备、材料。

（4）产生职业病危害的用人单位，应当在醒目位置设置公告栏，公布有关职业病防治的规章制度、操作规程、职业病危害事故应急救援措施和工作场所职业病危害因素检测结果。对产生严重职业病危害的作业岗位，应当在其醒目位置设置警示标识和中文警示说明。警示说明应当载明产生职业病危害的种类、后果、预防以及应急救治措施等内容。

（5）对可能发生急性职业损伤的有毒、有害工作场所，用人单位应当设置报警装置，配置现场急救用品、冲洗设备、应急撤离通道和必要的泄险区。对放射工作场所和放射性同位素的运输、贮存，用人单位必须配置防护设备和报警装置，保证接触放射线的工作人员佩戴个人剂量计。对职业病防护设备、应急救援设施和个人使用的职业病防护用品，用人单位应当进行经常性的维护、检修，定期检测其性能和效果，确保其处于正常状态，不得擅自拆除或者停止使用。

（6）用人单位应当实施由专人负责的职业病危害因素日常监测，并确保监测系统处于正常运行状态。用人单位应当按照国务院卫生行政的规定，定期对工作场所进行职业病危害因素检测、评价。检测、评价结果存入用人单位职业卫生档案，定期向所在地卫生行政报告并向劳动者公布。发现工作场所职业病危害因素不符合国家职业卫生标准和卫生要求时，用人单位应当立即采取相应治理措施，仍然达不到国家职业卫生标准和卫生要求的，必须停止存在职业病危害因素的作业；职业病危害因素经治理后，符合国家职业卫生标准和卫生要求的，方可重新作业。

36. 用人单位的工作场所应当符合哪些安全卫生要求？

容易使劳动者产生职业病的用人单位除在成立上应当符合相关法规要求的设立条件外，对工作场所的安全卫生要求也要高于一般标准。《职业病防治法》第15条即规定这类企业的工作场所必须符合下列职业卫生要求：“（一）职业病危害因素的强度或者浓度符合国家职业卫生标准；（二）有与职业病危害防护相适应的设施；（三）生产布局合理，符合有害与无害作业分开的原则；（四）有配套的更衣间、洗浴间、孕妇休息间等卫生设施；（五）设备、工具、用具等设施符合保护劳动者生理、心理健康的要求；（六）法律、行政法规和国务院卫生行政部门关于保护劳动者健康的其他要求。”

37. 什么是职业健康检查？

职业健康检查是指医疗卫生机构按照国家有关规定，对从事接触职业病危害作业的劳动者进行的上岗前、在岗期间、离岗时的健康检查。上岗前职业健康检查的目的在于掌握劳动者的健康状况，发现职业禁忌；在岗期间的职业健康检查的目的在于及时发现劳动者的健康损害；离岗时的职业健康检查是为了解劳动者离开工作岗位时的健康状况，以便分清健康损害的责任。

38. 用人单位应当如何履行职业健康检查义务?

用人单位应当积极组织职工进行检查，认真履行职业健康检查义务。值得注意的是，用人单位这种义务的履行并非一次性的，而是贯穿于整个“入职—工作—离职”过程，具体表现为：（1）入职前的健康检查。对从事接触职业病危害作业的劳动者，用人单位应当按照国务院卫生行政部门的规定组织上岗前、在岗期间和离岗时的职业健康检查，并将检查结果书面告知劳动者。（2）工作中的健康检查。对在职业健康检查中发现有与所从事职业相关的健康损害的劳动者，应当调离原工作岗位，并妥善安置。（3）离职前的健康检查。对未进行离岗前职业健康检查的劳动者不得解除或者终止与其订立的劳动合同。

职业健康检查费用由用人单位承担。用人单位不得安排未经上岗前职业健康检查的劳动者从事接触职业病危害的作业，不得安排有职业禁忌的劳动者从事其所禁忌的作业。

39. 用人单位对女性职工应当采取哪些特殊保护?

劳动者享有平等就业与择业的权利，这种权利不应当因性别而受到限制，无论男性、女性都可以平等地参与竞争某一岗位。用人单位在招收新员工时，不得仅以性别为由拒绝录用女性劳动者。虽然我国劳动法规禁止就业过程中的性别歧视，但由于女性劳动者与男性劳动者在生理构造上存在的客观差异，有必要对前者予以特殊保护，对女性职工的侧重保护有助于降低工伤、职业病的发生率。对女性劳动者的特殊保护主要体现在经期、孕期、哺乳期等方面。

（1）劳动禁忌。禁止安排女职工从事下列劳动：①矿山井下作业；②体力劳动强度分级标准中规定的第四级体力劳动强度的作业；③每小时负重 6 次以上、每次负重超过 20 公斤的作业，或者间断负重、每次负重超过 25 公斤的作业。

（2）经期保护。女职工在月经期间，所在单位不得安排其从事下列劳动：①冷水作业分级标准中规定的第二级、第三级、第四级冷水作业；②低温作业分级标准中规定的第二级、第三级、第四级低温作业；③体力劳动强度分级标准中规定的第三级、第四级体力劳动强度的作业；④高处作业分级标准中规定的第三级、第四级高处作业。

（3）孕期保护。女职工在怀孕期间，所在单位不得安排其从事下列劳动：①作业场所空气中铅及其化合物、汞及其化合物、苯、镉、铍、砷、氰化物、氮氧化物、一氧化碳、二硫化碳、氯、己内酰胺、氯丁二烯、氯乙烯、环氧乙烷、苯胺、甲醛等有毒物质浓度超过国家职业卫生标准的作业；②从事抗癌药物、己烯雌酚生产，接触麻醉剂气体等的作业；③非密封源放射性物质的操作，核事故与放射事故的应急处置；④高处作业分级标准中规定的高处作业；⑤冷水作业分级标准中规定的冷水作业；⑥低温作业分级标准中规定的低温作业；⑦高温作业分级标准中规定的第三级、第四级的作业；⑧噪声作业分级标准中规定的第三级、第四级的作业；⑨体力劳动强度分级标准中规定的第三级、第四级体力劳动强度的作业；⑩在密闭空间、高压室作业或者潜水作业，伴有强烈振动的作业，或者需要频繁弯腰、攀高、下蹲的作业。

女职工在孕期不能适应原劳动的，用人单位应当根据医疗机构的证明，予以减轻劳动量或者安排其他能够适应的劳动。对怀孕 7 个月以上的女职工，用人单位不得延长劳动时间或者安排夜班劳动，并应当在劳动时间内安排一定的休息时间。怀孕女职工在劳动时间内进行产前检查，所需时间计入劳动时间。

（4）生育休息。女职工产假为 98 天，其中产前可以休假 15 天。难产的，增加产假 15 天。生育多胞胎的，每多生育 1 个婴儿，增加产假 15 天。女职工怀孕未满 4 个月流产的，享受 15 天产假；怀孕满 4 个月流产的，享受 42 天产假。

（5）哺乳期保护。对哺乳未满 1 周岁婴儿的女职工，用人单位不得延长劳动时间或者安排夜班劳动。用人单位应当在每天的劳动时间内为哺乳期女职工安排 1 小时哺乳时间；女职工生育多胞胎的，每多哺乳 1 个婴儿每天增加 1 小时哺乳时间。哺乳时间和在本单位内哺乳往返途中的时间，算作劳动时间。女职工在哺乳期内，所在单位不得安排其从事下列劳动：①孕期禁忌从事的劳动范围的第一项、第三项、第九项；②作业场所空气中锰、氟、溴、甲醇、有机磷化合物、有机氯化合物等有毒物质浓度超过国家职业卫生标准的作业。

女职工比较多的用人单位应当根据女职工的需要，建立女职工卫生室、孕妇休息室、哺乳室等设施，妥善解决女职工在生理卫生、哺乳方面的困难。

第二章

CHAPTER 2

工伤认定与劳动能力鉴定

第一节　工伤认定的法定情形

40. 工伤认定时要考虑哪些要素？

在工伤认定上，除了劳动者这一身份要素外，通常还要考虑以下一些要素。

（1）时间要素。工伤一般发生在工作时间内。工作时间是劳动者为完成用人单位交代的任务而展开相应活动所耗费的时间，但工伤认定上的时间要素又不仅仅局限于从事生产作业的时间，还包括劳动者为履行生产任务而进行的准备时间、收尾时间等。

（2）空间要素。工伤一般发生在工作场所内，但对工作场所应作广义理解，它不单指直接从事生产活动的场所，如车间、厂房，同时与生产作业存在关联性的附属空间也应当被视作工作场所，如单位内的通道走廊、公共厕所等。

（3）职业要素。工伤认定的核心之一是观察事故的发生与职业行为有无关联，如果职工是因履行单位交代的工作任务而受伤的，那么即便不是在工作时间、工作场所内发生的，也属于工伤。

（4）主观要素。工伤认定实行的是无过错责任原则，这意味着除非事故是由劳动者本人故意引发的，否则无论职工在主观心态上是否存在过失都要认定为工伤。

（5）政策要素。工伤认定标准从来都不是一成不变的，基于社会发展形势的变化与公共利益的考量，某些过去不被认为是工伤的情况会被新的立法所吸纳，这突出表现为将尘肺病视作职业病，立法活动因应现实生活而作出的调整不仅反映了人道主义精神，也是整个社会在伦理观上越发细腻的表现。

41. 哪些情形应当被认定为工伤？

《工伤保险条例》第 14 条对发生工伤的情形作了一般性规定，以下几种情况应当认定为工伤：“（一）在工作时间和工作场所内，因工作原因受到事故伤害的；（二）工作时间前后在工作场所内，从事与工作有关的预备性或者收尾性工作受到事故伤害的；（三）在工作时间和工作场所内，因履行工作职责受到暴力等意外伤害的；（四）患职业病的；（五）因工外出期间，由于工作原因受到伤害或者发生事故下落不明的；（六）在上下班途中，受到非本人主要责任的交通事故或者城市轨道交通、客

运轮渡、火车事故伤害的；（七）法律、行政法规规定应当认定为工伤的其他情形。”

42. 哪些情形视同工伤？

除却以上基本情形外，《工伤保险条例》第 15 条特别规定在某些情况下也可以被认作工伤，它包括：“（一）在工作时间和工作岗位，突发疾病死亡或者在 48 小时之内经抢救无效死亡的；（二）在抢险救灾等维护国家利益、公共利益活动中受到伤害的；（三）职工原在军队服役，因战、因公负伤致残，已取得革命伤残军人证，到用人单位后旧伤复发的。”只要职工具备以上任一条件都可以视同工伤。

43. 哪些情形不被认定为工伤？

《工伤保险条例》除了对工伤及视同工伤的情形作出规定外，也对以下几种情形作出排除性规定，即便职工其他方面完全符合工伤认定的情形，只要有以下任一情况，不得享受工伤待遇。

（1）故意犯罪的。《刑法》第 13 条将犯罪定义为：“一切危害国家主权、领土完整和安全，分裂国家、颠覆人民民主专政的政权和推翻社会主义制度，破坏社会秩序和经济秩序，侵犯国有财产或者劳动群众集体所有的财产，侵犯公民私人所有的财产，侵犯公民的人身权利、民主权利和其他权利，以及其他危害社会的行为，依照法律应当受刑罚处罚的，都是犯罪，但是情节显著轻微危害不大的，不认为是犯罪。”职工实施犯罪行为，即便是在工作时间、工作地点、因工作原因而导致伤亡的，也不会被认定为工伤。

（2）醉酒或者吸毒的。因醉酒而生的伤害有可能是因饮用酒精过量而对身体造成的损伤，也有可能是在酒醉状态下，身体不受控制而发生意外事故。吸毒不仅容易使人产生强烈的依赖，而且会对身体和精神造成严重损伤，更有极大的可能染上各种疾病。无论是醉酒还是吸毒造成的人身伤害，都不能被认定为工伤。

（3）自残或者自杀的。自残是指用各种方法伤害自己的身体，并造成损伤的行为。自杀是行为人由于各种原因放弃继续活下去的念想，主动选择以某种方式结束自己生命的行为。用人单位不需要对职工的自残、自杀行为承担工伤赔偿责任。

44. 哪些人可以享受工伤保险待遇？

工伤认定以劳动关系的存在为前提，只要存在合法的劳动关系，劳动者在受伤后都可以向有关部门提请工伤认定，《工伤

保险条例》第 2 条第 2 款对工伤适用主体作出了明确规定："中华人民共和国境内的企业、事业单位、社会团体、民办非企业单位、基金会、律师事务所、会计师事务所等组织的职工和个体工商户的雇工，均有依照本条例的规定享受工伤保险待遇的权利。"由此可见，我国工伤适用主体实际上是相当广泛的，这有助于发挥工伤保险的大数法则优势，充分保障职业人群的合法权益。

45. 公务员和参照《公务员法》管理的事业单位、社会团体的工作人员能否被认定为工伤?

需要注意的是，"劳动者"一词在我国法律中是有着特定内涵的，公务员和参照《公务员法》管理的事业单位、社会团体的工作人员不被视为劳动者，虽然《工伤保险条例》第 65 条规定了这类人员因在工作中发生的人身损害或职业病等救治费用由所在单位加以支付，但是他们并不能提请工伤认定。这类问题的解决往往交国务院社会保险行政部门会同财政部门共同规定，目前调整该领域的法规主要有《民政部关于国家机关工作人员、人民警察伤亡抚恤如何办理的通知》以及由民政部、人事部、财政部联合发布的《关于国家机关工作人员及离退休人员死亡一次性抚恤发放办法的通知》，上述人员可在伤害发生后申请公伤认定，具体的待遇标准应当参照上述有关规定加以确定。

46. 哪些主体可以提请工伤认定？

《工伤保险条例》第17条、《工伤认定办法》第4、5条对工伤提请程序作了相关规定，一般情况下应由单位向所在地统筹地区劳动行政部门提出，但当单位没有提出时，受伤职工本人或其家属及工会组织也有权向社会保险行政部门提请认定。不过需要注意的是，不同主体的提请期限是不同的：（1）用人单位提请工伤认定的应当自事故伤害发生之日或者被诊断、鉴定为职业病之日起30日内，向统筹地区社会保险行政部门提出工伤认定申请。（2）用人单位未提出工伤认定，由职工、职工近亲属、工会组织提请工伤认定的应当在事故伤害发生之日或者被诊断、鉴定为职业病之日起1年内，直接向用人单位所在地统筹地区社会保险行政部门提出。

47. 工伤认定需要提交哪些材料？

提出工伤认定申请时需要提交以下材料：（1）工伤认定申请表。该表由劳动行政部门统一制定，主要包括事故发生的时间、

地点、原因以及职工伤害程度等基本情况。（2）与用人单位存在劳动关系（包括事实劳动关系）的证明材料。（3）医疗诊断证明或者职业病诊断证明书（或者职业病诊断鉴定书）。工伤认定申请人提供材料不完整的，社会保险行政部门应当一次性书面告知工伤认定申请人需要补正的全部材料。申请人按照书面告知要求补正材料后，社会保险行政部门应当受理。

48. 劳动部门认定工伤的程序是什么？

（1）受理。对于在管辖范围内且在受理时限内的工伤认定申请，社会保险行政部门应当自收到认定申请之日起 15 日内对申请人提交的材料进行审核，如果材料完整，则作出受理或不予受理的决定。材料不完整的，应当以书面形式一次性告知申请人需要补正的全部材料。社会保险行政部门收到申请人提交的全部补正材料后，应当在 15 日内作出受理或者不予受理的决定。决定受理的，应当出具《工伤认定申请受理决定书》；决定不予受理的，应当出具《工伤认定申请不予受理决定书》。

（2）审核。社会保险行政部门受理工伤认定申请后，可以根据需要对申请人提供的证据进行调查核实。进行调查核实的工作人员可以：①根据工作需要，进入有关单位和事故现场；②依法查阅与工伤认定有关的资料，询问有关人员并作出调查笔录；③记录、录音、录像和复制与工伤认定有关的资料。社会保险行政部门工作人员进行调查核实时，有关单位和个人应当予以协助。用人单位、工会组织、医疗机构以及有关部门应当负责安排相关人员配合工作，据实提供情况和证明材料。社会保险行政部门工作人员进行调查核实时，应当履行下列义务：①保守有关单位商业秘密以及个人隐私；②为提供情况的有关人员保密。与工伤认定申请人有利害关系的人应当回避调查审核工作。

（3）决定。社会保险行政部门应当自受理工伤认定申请之日起 60 日内作出工伤认定决定（对于事实清楚、权利义务明确的工伤认定申请，应当自受理工伤认定申请之日起 15 日内作出工伤认定决定），出具《认定工伤决定书》或者《不予认定工伤决定书》。《认定工伤决定书》和《不予认定工伤决定书》应当加盖社会保险行政部门工伤认定专用印章。

（4）送达。社会保险行政部门应当自工伤认定决定作出之日起 20 日内，将《认定工伤决定书》或者《不予认定工伤决定书》送达受伤害职工（或者其近亲属）和用人单位，并抄送社会保险经办机构。

（5）救济。职工或者其近亲属、用人单位对不予受理决定不服或者对工伤认定决定不服的，可以依法申请行政复议或者提起行政诉讼。

参见下图：

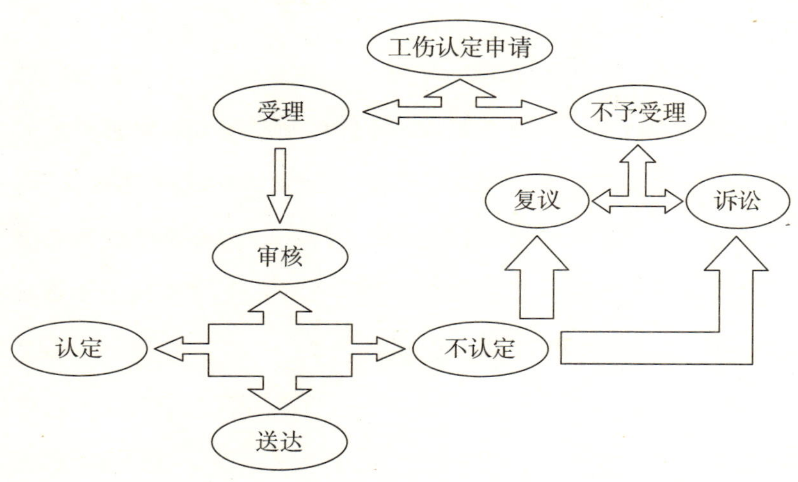

49.《认定工伤决定书》应当载明哪些事项？

《认定工伤决定书》应当载明下列事项：（1）用人单位全称；（2）职工的姓名、性别、年龄、职业、身份证号码；（3）受伤害部位、事故时间和诊断时间或职业病名称、受伤害经过和核实情况、医疗救治的基本情况和诊断结论；（4）认定工伤或者视同工伤的依据；（5）不服认定决定申请行政复议或者提起行政诉讼的部门和时限；（6）作出认定工伤或者视同工伤决定的时间。

50.《不予认定工伤决定书》应当载明哪些事项？

《不予认定工伤决定书》应当载明下列事项：(1) 用人单位全称；(2) 职工的姓名、性别、年龄、职业、身份证号码；(3) 不予认定工伤或者不视同工伤的依据；(4) 不服认定决定申请行政复议或者提起行政诉讼的部门和时限；(5) 作出不予认定工伤或者不视同工伤决定的时间。

第二节　实践中常见工伤认定情形

51. 未签订劳动合同能否认定为工伤？

情景再现

奚先生在某纺织公司工作，入职之初单位并没有与他签订劳动合同，只是在口头上约定了月工资。正式工作前，奚先生未受到单位本应组织的专业岗前培训。在工作一个月后，因操作不当，奚先生的左手不慎被卷入机器，最终造成左手中指、无名指指端缺损。事故发生后，没有签订劳动合同的奚先生能够通过工伤认定程序要求公司进行赔付吗？

法律分析

即便没有劳动合同，只要员工与工作单位形成事实上的劳动关系，也可以被纳入工伤认定范围。本案中没有劳动合同的奚先生只要能够证明（如工资条、工友证明等）他与纺织公司间存在事实上的劳动关系，就可以通过工伤认定程序维护自身的合法权益。

事实上的劳动关系指的是没有书面合同或有效书面合同以及口头形成的劳动雇佣关系，它包括但不限于以下几类：（1）没有劳动合同，最为常见的是以口头形式就工作时间、地点、报酬、内容等进行简单约定。（2）应当签订劳动合同而没有签订。用人单位在招纳新员工后应当即时与员工签订劳动合同，这是用人单位所应承担的一项义务，但是现实中用人单位出于种种考量往往会故意逃避这一义务。（3）用人单位与员工以前签订过劳动合同，在旧的合同到期后，员工仍然继续留在原单位工作，但并未续订劳动合同。（4）以其他方式规定劳动关系，这表现为在诸如承包合同、租赁合同中就劳动者的权利义务进行相关约定。（5）已签订的劳动合同因为不具备必要条款或内容违法而失去效力，但劳动者与用人单位已在这一无效合同基础上建立起劳动关系。

事实劳动关系作为一种合法形式，它的效力得到了《工伤保险条例》的肯定。《工伤保险条例》第18条就承认了事实劳动关系的效力，第62条第2款更是规定："依照本条例规定应当参加工伤保险而未参加工伤保险的用人单位职工发生工伤的，由该用人单位按照本条例规定的工伤保险待遇项目和标准支付费用。"

52. 职工早退发生交通事故能否被认定为工伤？

职工在正常上下班期间发生交通事故应当被认定为工伤，但是如果职工不遵循用人单位规章制度，提前离岗归家，在此期间因交通事故而发生人身损害不能被认定为工伤。

在工伤认定中所说的“上下班途中”一般包括两个方面：合理的上下班时间和合理的上下班路线。合理的上下班时间指的是职工往返于休息场所和单位的时间符合用人单位的上下班规定且在合理范围内。合理的上下班路线是指员工往返于休息场所和单位之间的必经路线。职工从事工作应当遵守单位的相关规定，工作时间逃避劳动、早退脱岗明显超出合理的上下班时间，如果此时还要认定工伤，既是对劳动者无原则的偏袒，也忽视了生产规律，损害了用人单位的合法权益。

同时，《最高人民法院关于审理工伤保险行政案件若干问题的规定》第6条也就这一问题作出规定，下列路线上发生的交通事故都属于合理的上下班途中：（1）在合理时间内往返于工作地与住所地、经常居住地、单位宿舍的合理路线的上下班途中；（2）在合理时间内往返于工作地与配偶、父母、子女居住地的合理路线的上下班途中；（3）从事属于日常工作生活所需要的活动，且在合理时间和合理路线的上下班途中；（4）在合理时间内其他合理路线的上下班途中。早退情形明显与上述规定不符。

53. 员工提前到单位并在单位内受伤能否认定为工伤？

情景再现

王先生是某制药公司的技术人员，他一贯坚持晨跑，到新单位上班后，习惯于提前一个半小时到单位，绕着场区跑上两圈之后冲个凉再开始工作。某天，正在晨跑的王先生不慎摔倒受伤。治疗结束后，王先生以个人名义向劳动行政部门提请工伤认定。公司认为王先生虽在单位受伤，但并不是在工作时间内。王先生则认为跑步习惯能够使他神清气爽地开始新的一天，客观上能够提高工作效率，为公司创造更多产出。到底是王先生的说法有道理还是公司的说法有道理？

法律分析

本案中王先生的情形不能被认定为工伤。在认定工伤时一定要考虑三个基本要素：工作时间、工作地点、工作原因。虽然本案中的王先生是在工作地点受伤的，但并不符合另外两个构成要素，他的跑步行为与公司利益并没有直接的关联性，只能算作个人的业余爱好，直接结果是有利于他个人的身体健康，至于王先

生主张的间接促进公司发展的理由实在是很难成立。需要提醒的是，我国工伤立法虽然是出于保护劳动者的目的，希望受伤的劳动者能够不因经济问题而得到及时救治，但这并不意味着无视企业的合法权益，对劳动者无原则的偏袒必将打击企业的生产积极性，提高企业的运作成本，最终反倒有可能减损职工待遇。

54. 员工提前到单位工作能否被认定为工伤？

情景再现

小李毕业后进入会计师事务所工作，由于之前没有太多实践经验，他感觉与所里其他人相比，自己在能力上确实存在着相当大的不足。为了能够尽快提升自我、早日熟悉工作领域相关事务，小李每天都会提前一个小时到单位展开工作。某日，提前到单位看材料的小李被忽然爆裂的窗户玻璃划伤。在这种情形下，小李能够要求用人单位为他的伤情承担工伤赔偿吗？

法律分析

本案中小李的情形能够被认定为工伤。提前到岗的小李并不是在从事与工作无关的闲杂事项，而确实是在为公司利益尽职尽责。虽然伤害不是发生在用人单位规定的工作时间内，但“提前上班”这一行为可以理解为劳动者的自愿主动加班行为，它体现了职工对工作高度负责的态度，并且客观上为单位创造了价值，与正常上班的结果没差别，因此应当受到法律的同等保护。

55. 职工在宿舍猝死能否认定为工伤？

情景再现

小杨是某变电公司员工，入职时与单位签订的劳动合同约定工作地点为长沙，同时实行综合计算工时工作制。后因项目需要，小杨被派往外地出差，其暂居的宿舍也在项目部内。某日，正在宿舍休息的小杨忽然感到身体不适，虽在第一时间拨通120急救电话，但经全力救治，仍不幸离世。像小杨这样的情况能否被认定为工伤？

法律分析

虽然小杨的遭遇令人扼腕，但并不能认定为工伤。本案的焦点在于能否依据《工伤保险条例》第15条第1项的规定将这种情况纳入“视同工伤”的范畴。在考量该项时应当从三个角度加以把握：一是职工在工作时间、工作场所突发疾病死亡；二是在工作时间和工作地点突发疾病，情况紧急，送医无效后在48小时内死亡；三是职工在工作时间和工作岗位突发疾病，且

情况紧急，经医疗机构当场抢救后在48小时内死亡。对于该项的理解除上述三种情形外，不应当再作扩大理解与延伸。本案中，小杨猝死的事实虽然让人十分悲痛与惋惜，但是悲剧并不是发生在工作时间内。宿舍虽然位于项目部内，但这实际上是用人单位出于为职工节省路程的便捷考量，并不能因此便认为宿舍是工作场所。最后，小杨虽然因工作原因被派往外地并死在外地，但作为最终结果的死亡与工作本身并不存在关联性。

56. 职工因参加单位组织的活动而受伤能否被认定为工伤？

情景再现

在保险公司工作的小李是一名户外运动爱好者，业余时间经常约朋友一起爬山。某年夏天，小李所在单位组织员工开展登山活动，由于当天清晨刚下过一场雨，山路泥泞，小李在行走过程中不慎滑倒摔伤，造成左腿骨折。小李在单位组织的活动中受伤，能否被认定为工伤？

法律分析

本案中，小李的受伤能够被认定为工伤。本案的争议在于，在单位组织的非生产性活动中受伤能否适用《工伤保险条例》

第14、15条进而被认定为工伤。《工伤保险条例》对工伤、视同工伤只作了列举性规定，小李的情形明显不在列举范围内，但是本书认为其仍应当被认定为工伤。列举式规定虽然具有很强的操作性，通过开列典型情况以使公众对工伤形成初步了解，但是它的缺陷也很明显：社会生活是千变万化的，以数个典型情况是不可能囊括所有工伤类型的。在遇到非典型事例时，必然需要结合条文规定进行个案分析。具体到本案，对用人单位在生产时间外组织开展文娱活动的理解，要从活动意志、活动目的等角度去理解。虽然文娱活动丰富了职工的业余生活，但实际上反映的是单位意志（甚至在有些单位，文娱活动的参加是带有强迫、半强迫性质的）。单位通过开展各类活动既可以缓解职工工作压力、提高工作效率，也可以加强企业凝聚力、培养团队精神。因此，文娱活动在很大程度上是有利于单位的生产目的的，职工的参与行为应当被认作参加单位安排的临时性工作。

57. 违章操作造成的伤害能否被认定为工伤？

情景再现

张某是单位的车工，单位规定工人在操作车床时必须戴皮

手套以防被烫伤。由于实行的是基本工资加计件薪酬制，某日正在工作的张某以戴皮手套降低了操作上的灵活性为由，出于能够提高工作效率以在相同时间内产出更多制成品获取更多工资的考量，决定在作业时去除手套。不久，张某被溅出的火花烫伤左手。公司以张某不按照单位规程作业不予以工伤认定，单位的这种做法正确吗？

法律分析

单位以违反内部规程为由否定张某应得的待遇，这种做法是错误的。单位的良好运转离不开必要的内部章程，这是生产顺利开展的必要保障，但是一切章程的制定都必须处于法律框架内，如单位不可能通过制定章程的形式要求员工每天工作12个小时。同理，单位有关工伤认定的规定也不能与《工伤保险条例》及《工伤认定办法》的精神相矛盾。从《工伤保险条例》第14、15条中有关工伤及视同工伤的规定来看，我国关于工伤认定实行的是无过错责任原则，这意味着在对事故中伤害予以定性时，劳动者主观上的过错并不会影响工伤认定，只要受伤情形符合工伤或视同工伤的情形，就可以享受工伤待遇。虽然本案中的张某因违反操作规程而受伤，其本人对伤害结果的发生负主要责任，但依据上述认定工伤原则，这种情形还是可以认定为工伤的。

58. 从事非本职工作而受伤能否被认定为工伤？

情景再现

李女士在某大型商场电器专柜从事销售工作，在卖出某电热水壶后不久，顾客即返回柜台提出水壶存在质量问题。接到顾客投诉的李女士并没有多想，立即将水壶接满水通上电以检查产品问题所在，不料水壶本身严重漏电，李女士刚接上电源即被电伤。事后李女士向单位提出工伤认定，商场认为虽然李女士的受伤是在工作时间、工作地点内，但并不是与本职工作相关的，负责销售的她在收到顾客反馈时应即时把问题转交给售后部门，而不是自行处理，单位不应当为李女士的行为买单。单位的这种说法正确吗？

法律分析

单位应当支持李女士的权利主张。《工伤保险条例》第 14 条第 1 项规定，在工作时间和工作场所内，因工作原因受到事故伤害的应当认定为工伤。如何解释这里的“工作原因”对最终的认定结果至关重要，这也正是本案的焦点所在。仅从字面上理解，工作原因指的是出于本职需要而从事某一行为或与本职相关的行为，因此而受伤属于典型的工伤。但需要注意的是，从事本职工作必须是出于为单位谋利益的考量。如果从事的虽是本职工作，但最终结果却是利己性的，这种情况也不能被认定为工伤。李女士的受伤明显不属于以上情形，但是本书认为她还是可以享受工伤待遇的，这是从国家关于工伤立法的精神推导而出的。

《工伤保险条例》第 1 条开宗明义，规定该条例的制定目的在于“为了保障因工作遭受事故伤害或者患职业病的职工获得医疗救治和经济补偿，促进工伤预防和职业康复，分散用人单位的工伤风险”。不难看出，工伤立法具有极强的保护劳动者利益的倾向。无论在就业还是实际生产中，与单位相比，劳动者都处于较为弱势的地位。一旦发生工伤，劳动者本人及其家庭的生活在经济上都会受到很大影响。在认定某种情形是否属于工伤时，应当从保护劳动者利益出发对“工作原因”作扩大解释，将与本职工作相关的其他工作也包含进来。虽然负责销售的李女士并没有维修电器的义务，但她的行为是销售行为的自然延伸，是为了维护单位的行业信誉。因此，李女士在这一过程中的受伤应当被认作“因工作原因”所致，并予以认定为工伤。

59. 职工因醉酒而受伤能否认定为工伤？

情景再现

小松是某修理厂的汽车修理工，已经与修理厂签订正式的劳动合同。某工作日恰是小松生日，他便在中午邀请几位同事一起到周边饭馆吃饭。经不住同事们的热情敬酒，酒桌上一来二去，小松便喝得有点高。同事们见小松已经醉酒便劝他下午请假并打算送他回家，但小松坚持表示自己没喝多，完全不会影响下午的工作。由于酒精的作用，小松在骑电动车去单位的路上不慎撞到路边的树上。小松认为自己是在上班途中受的伤，符合工伤认定的相关情形。单位则认为小松的受伤是由醉酒引起的，不能认定为工伤。单位和小松的说法哪个能为法律所支持呢？

法律分析

醉酒的小松即便是在上班途中受到的伤害，也不能被认定为工伤。《工伤保险条例》以列举的方式在第 14、15 条中对认定工伤的情形作了规定，这是工伤认定的积极条件。但除此之外，《工伤保险条例》也在第 16 条规定了工伤认定的消极条件，只有在满足积极条件且不符合消极条件的情况下，才能被认定为工伤。本案的情形符合该条例第 16 条第 2 项（醉酒或者吸毒的）的禁止情形，因此即便小松是在上班路上受的伤，也不能享受工伤待遇。需要注意的是，醉酒导致伤亡不得认定为工伤的规定有着两层含义：一是事故发生时职工仍处于醉酒状态，如果已经清醒，那么仍要认定为工伤；二是事故发生与醉酒存在极

强的关联性，如果醉酒并不是导致伤亡的直接原因，那么视情况不同，还是有可能被认定为工伤的。

60. 违法驾驶能否认定为工伤？

情景再现

小王每天骑着摩托车在家和单位之间往返。某日，小王因为上班将要迟到，在通过某正在变换的交通指示灯路口时猛力加速，意图在黄灯期间快速通过。不幸的是，小王被对面驶来的小汽车撞伤。事故发生后，交管部门进行了责任认定，小王由于闯红灯、超速、无证驾驶被认定为此次事故的主要责任人。小王这种因违法驾驶而受伤的情形能否被认定为工伤？

法律分析

小王违法驾驶的行为虽然违反《道路交通安全法》，但仍能够被认定为工伤。《工伤保险条例》第 16 条第 1 项规定，因故意犯罪而受伤的情形不能被认定为工伤。小王的违法驾驶并没有触犯刑法，并不是犯罪行为，因此可以被认定为工伤。在认定一个行为是否构成犯罪时，主观心态与违法性当然要纳入考量的重要标准，但这并非犯罪的充分必要条件。判断一个违法行为是否是犯罪，还要考虑到危害结果的显著性、是否侵害刑法所保护的利益、行为是否具有应罚性等要素。本案中小王的故意违法行为并不符合犯罪的其他构成要件，那么他的行为到底是何种性质呢？《道路交通安全法》第11、38、42条分别对驾驶人随身携带行驶证、遵守交通信号灯、禁止超速行驶作出了相关规定，小王的行为违反了上述规定，属于一般违法行为，不属于《工伤保险条例》规定的不得认定为工伤的情形，在满足其他条件的情况下仍应认定为工伤。

61. 出国（境）人员在国（境）外发生工伤应该怎么办？

改革开放后，我国向国（境）外输出的劳务、技术、服务急速增加，也有大量公司、企业在国（境）外承揽工程，越来越多的人选择在国（境）外工作。他们在异国他乡工作的过程中难免会遇到各种突发性伤害，如何保护这些在国（境）外工作的劳动者的合法权益是值得深思的重要问题。

《工伤保险条例》第44条就这一问题作了规定："职工被派遣出境工作，依据前往国家或者地区的法律应当参加当地工伤保险的，参加当地工伤保险，其国内工伤保险关系中止；不能参加当地工伤保险的，其国内工伤保险关系不中止。"现在还没有实现国与国之间的工伤保险互免协议，一些国家规定前往该

国工作的外国人必须购买意外伤害保险或参加当地的工伤保险。一般说来，国内的工伤保险与国外的工伤保险在性质及作用上是相同的，但二者可能在保障的具体内容上存在差异。从保障劳动者利益的角度出发，用人单位在派遣员工出国（境）时，有必要提前了解派往国或地区在这一领域的相关法律规定，提前做足充分的劳动保障工作。当劳动者在国（境）外因工受伤甚至死亡、外方承担伤害赔偿责任时，用人单位在即时展开救治伤者的同时，应当积极向外方索取赔偿；当外方不能及时赔付时，用人单位应当向职工及其近亲属先行垫付；当劳动者在国（境）外因工受伤甚至死亡、我方承担伤害赔偿责任时，用人单位应当按照《工伤保险条例》的相关要求及时履行相应义务。

62. 退休后被单位返聘，因工作而受伤能否被认定为工伤？

情景再现

陶先生退休前长期在企业任职技术工程师，由于业务熟练，单位在其退休后决定返聘他。刚退休的陶先生难以适应退休后的清闲生活，总是感到无所事事。单位表达返聘意向后，陶先生也想发挥自己的余热为社会多做些贡献，便同意回原单位继续工作。某天，被派往外地出差的陶先生不幸遭遇车祸。陶先生认为自己在单位工作了一辈子，现在退休后仍为单位出力，对于自己受的伤，单位应当认定为工伤。企业则认为已经退休的陶先生并不具备劳动者的主体资格，他们之间并不存在劳动关系，陶先生受的伤也不能被认定为工伤。陶先生的说法和企业的说法哪个更有法律上的依据呢?

法律分析

退休人群再工作而受伤能否被认定为工伤在实践中存在着极大争议，但本书认为陶先生的受伤应当被认定为工伤。

能否具备劳动法规上所说的“劳动者”资格，年龄是重要衡量因素之一。《劳动法》第 15 条规定，禁止用人单位招用未满 16 周岁的未成年人。《国务院关于工人退休、退职的暂行办法》规定，男年满 60 周岁，女年满 50 周岁，连续工龄满 10 年的全民所有制企业、事业单位和党政机关、群众团体的工人应该退休。这也就意味着对于男性来说，作为劳动者的主体年龄资格在 16 周岁至 60 周岁之间；对于女性来说，作为劳动者的主体年龄资格在16周岁至50周岁之间。一旦不足或超过这一限度，都不能被认定为《劳动法》上所说的劳动者，他们与用人单位的关系并不是劳动关系而是劳务关系，对这种法律关系的调整不适用劳动法规而适用《合同法》的相关规定。与用人单位订有劳动合同或已经形成事实上的劳动关系是认定工伤的前提条

件，劳务关系不是劳动关系，因此退休后被返聘又因工受伤的人不能提起工伤认定。

但是这并非绝对的，实践中也存在一些特殊情况。农民工占据我国劳动人口的一大部分，法律并未禁止使用超过法定退休年龄的农民工，而且作为农民也无所谓何时退休。超过60周岁继续在城市务工的农民比较多，有些与用工单位形成劳动关系，依法应当保护这些务工人员的合法权益，给予其平等对待。从《工伤保险条例》的规定来看，也没有将这些人排除出去，既然用人单位已经实际用工，职工在工作时间受伤的，应当认定为工伤。在《最高人民法院行政审判庭关于超过法定退休年龄的进城务工农民因工伤亡的，应否适用〈工伤保险条例〉请示的答复》中也认可了上述精神。

63. 尚未毕业的学生在企业实习因工受伤能否被认定为工伤？

情景再现

小华是某高校大三学生，没有考研意向的他决定将大学剩下的时间用于实习以积累工作经验。在某食品生产企业实习一段时间后，小华明确向企业透露出打算毕业后继续在本单位工作的意向，企业也表示这段时间算作实习，期待小华毕业后就与他签订劳动合同正式录用，并让小华在求职登记表中填写相关信息。小华在工作中不慎受伤，经治疗后提起工伤认定。企业认为小华尚未毕业，档案等人事关系都还在学校，并不能算作本企业的员工。即将毕业的高校学生能否与用人单位形成劳动关系？

法律分析

《劳动法》除在第 15 条规定禁止用人单位招用未满 16 周岁的未成年人外，并没有对在校生的劳动主体资格进行限制，虽然劳动部印发的《关于贯彻执行〈中华人民共和国劳动法〉若干问题的意见》第 12 条规定："在校生利用业余时间勤工助学，不视为就业，未建立劳动关系，可以不签订劳动合同。"但这也仅限于勤工助学的行为。因此，不宜将在校生从全部劳动主体中排除。在一定条件下，在校生是可以与用人单位形成劳动关系的，但有些情况下是例外的。

（1）在校生与用人单位之间是以形成长期劳动关系为目的的，在校生服从用人单位规章制度，接受用人单位的安排管理，在用人单位处有较为稳定的岗位并从用人单位领取劳动报酬。如果在校生只是出于增加社会实践经验而前往用人单位进行没有报酬的实习，或是通过不定期提供劳务的形式以增补生活费

用，那么可以认为在校生与用人单位间并未形成劳动关系。

（2）劳动者在校生的身份已经明确为用人单位所获悉，并且在这种情况下，用人单位仍有意向与劳动者达成长期劳动关系。如果劳动者为获取工作机会故意隐瞒自己在校生的身份，则有可能构成欺诈，导致已签订的劳动合同无效。

（3）附生效条件的劳动合同，生效条件业已完备。如果用人单位与在校生签订劳动合同时明确约定以取得某种资格（如通过某项职业资格考试、取得学位证书等）作为劳动合同生效要件，约定条件在限定期限内无法完备的，不能认为劳动合同已生效，在校生与用人单位之间并不存在劳动关系。

第三节 劳动能力鉴定

64. 什么是劳动能力鉴定?

劳动能力鉴定发生在已经确认为工伤的职工在伤情治疗后存在着残疾、影响劳动能力的情况下，它指的是劳动功能障碍程度和生活自理障碍程度的等级鉴定。劳动能力鉴定标准由国务院社会保险行政部门会同国务院卫生行政部门等部门制定，劳动功能障碍从最重的一级到最轻的十级共分为十个档次，生活处理障碍分为生活完全不能自理、生活大部分不能自理和生活部分不能自理三个等级。

65. 劳动能力鉴定有何意义?

对负伤职工加以劳动能力鉴定是确定工伤保险待遇的基础，同时也是工伤保险管理工作的重心之一。它的存在意义在于：（1）由专门机构出具的劳动能力鉴定结论系是否批准因工、因

病及非因工但完全丧失劳动能力的劳动者退休、退职的重要依据。（2）负伤的劳动者经治疗后可能存在三种不同情况：完全丧失劳动能力，日后无法从事任何工作；经救治后劳动能力恢复，可以从事受伤前的工作；部分丧失劳动能力，但经岗位调换后仍可以继续工作。劳动能力鉴定为合理对待受伤后的劳动者提供了基准。（3）不同伤残等级的劳动者所能享受的政策、经济待遇都是不同的，为此有必要加以区分，劳动能力鉴定的存在对合理区别不同受伤职工具有重要意义，为受伤劳动者合法的物质帮助权及劳动就业权提供了重要保障。

66. 劳动能力鉴定应当遵循什么原则？

劳动能力鉴定是一项具有较强专业性与技术性的工作，它的鉴定结果一方面直接关涉工伤职工能否获得更高水平的待遇，另一方面随意鉴定会加重企业的用工成本，不利于企业的平稳发展。因此，鉴定机构在展开活动时当遵循如下几个原则：

（1）公正客观原则。鉴定机构要切实做到以事实为依据，以政策、标准为尺度，综合权衡考量伤病地点、时间、原因、残情、既往伤病史等多方因素。经研究确定的鉴定结论要及时向职工公开，只有这样才能最大限度地克服鉴定过程中的主观随意性。

（2）维护职工合法权益原则。劳动能力鉴定结果是职工工伤保险待遇、养老保险待遇、疾病医疗、劳动就业的前提条件和基础，它关系到职工本人及其近亲属的权益。鉴定机构在鉴定时要维护职工的合法权益，不使职工的利益受到损害。

（3）服务企业原则。伤情一旦发生便难以逆转，余下最重要的便是如何安抚伤者，鉴定机构应当发挥自身专业素养，使伤者的合法需求能够得到满足，减缓劳资双方的对立，减轻用人单位的后顾之忧，使用人单位能够将精力集中于未来的生产上。

67. 做好劳动能力鉴定工作应当具备哪些条件?

劳动能力鉴定结果事关职工与用人单位双方的利益，并直接影响受伤职工及其近亲属的日常生活。为了保障鉴定工作的科学合理展开、充分实现各方合法权益，有必要做足前期准备工作，这包括：

（1）健全劳动能力鉴定机构。不仅要配备相当数量、具有职业资质的工作人员开展日常工作，也要以内部章程的形式明确各科室职责任务。

（2）杜绝一人鉴定的现象。鉴定机构应当聘有一定数量有经验、有医德的专家，需要开展鉴定时，应当在专家名录中组成鉴定技术组，防止一人鉴定的现象。

（3）贯彻执行相关政策。组织本单位职工学习、掌握国家在劳动能力鉴定上的相关法律规定，整个鉴定流程应当严格按照政策、法律进行。

（4）健全档案制度。鉴定机构应当归档保管劳动能力鉴定结果，及时告知复查时间，统一制发卡片、表格和致残证件等。

68. 谁能申请劳动能力鉴定？

《工伤保险条例》第 23 条规定："劳动能力鉴定由用人单位、工伤职工或者其近亲属向设区的市级劳动能力鉴定委员会提出申请，并提供工伤认定决定和职工工伤医疗的有关资料。"需要注意的是：（1）《工伤保险条例》有效防止出现工伤后，用人单位为逃避责任而拒绝提起劳动能力鉴定的情形。（2）劳动能力鉴定的申请人不仅限于本人，当受伤职工存在客观上的困难无法亲自提出申请时，可由其近亲属代劳。（3）我国劳动能力鉴定委员会分为省、市两级，市级鉴定委员会负责初次鉴定，省级鉴定委员会负责对不服结论的再次鉴定。

69. 申请劳动能力鉴定要提交哪些材料？

（1）法定材料。申请人需要向劳动能力鉴定委员会提交的材料包括：职业病劳动能力鉴定表（在劳动行政部门领取填写）、《工伤认定决定书》原件和复印件、有效的诊断证明、按照医疗机构病历管理有关规定复印或者复制的检查、检验报告等完整病历材料、工伤职工的居民身份证或者社会保障卡等其他有效身份证明原件和复印件、劳动能力鉴定委员会规定的其他材料。

（2）其他材料。劳动能力鉴定委员会可能会要求提交的其他材料包括但不限于工亡职工与其供养亲属之间的关系证明，被鉴定人近亲属代为提出劳动能力鉴定申请的，应提交其居民身份证等有效身份证件原件和复印件及与被鉴定人的关系证明或授权委托书。

70. 劳动能力鉴定的流程是什么？

（1）受理。劳动能力鉴定委员会收到劳动能力鉴定申请后，应当查看申请内容是否属于受理范围。如果属于，应当及时对申请人提交的材料进行审核。申请人提供材料不完整的，劳动能力鉴定委员会应当自收到劳动能力鉴定申请之日起 5 个工作日内一次性书面告知申请人需要补正的全部材料。一般申请人在接到劳动能力鉴定委员会要求补交材料的通知后应当在规定期限（一般为 15 日）内补全材料，如果出现特殊情况可以延长时日。若是申请人不能在规定时间内补全材料，劳动能力鉴定

委员会不予受理鉴定申请。对于审核受理的申请，劳动能力鉴定委员会应当出具受理通知书。申请人为工伤职工的，还应当同时通知用人单位。

（2）组织。对于材料完整的申请，劳动能力鉴定委员会应当视伤情程度等从医疗卫生专家库中随机抽取 3 名或者 5 名与工伤职工伤情相关科别的专家组成专家组进行鉴定。

（3）鉴定。劳动能力鉴定委员会应当提前通知工伤职工进行鉴定的时间、地点以及应当携带的材料。工伤职工应当按照通知的时间、地点参加现场鉴定。对行动不便的工伤职工，劳动能力鉴定委员会可以组织专家上门进行劳动能力鉴定。组织劳动能力鉴定的工作人员应当对工伤职工的身份进行核实。工伤职工因故不能按时参加鉴定的，经劳动能力鉴定委员会同意，可以调整现场鉴定的时间，作出劳动能力鉴定结论的期限相应顺延。因鉴定工作需要，专家组提出应当进行有关检查和诊断的，劳动能力鉴定委员会可以委托具备资格的医疗机构协助进行有关的检查和诊断。

（4）结论。劳动能力鉴定委员会应当在收到劳动能力鉴定申请之日起 60 日内作出鉴定结论；伤情复杂、涉及医疗卫生专业较多的，作出劳动能力鉴定结论的期限可以延长 30 日。劳动能力鉴定结论书主要包括下列事项：①工伤职工及其用人单位的基本信息；②伤情介绍，包括伤残部位、器官功能障碍程度、诊断情况等；③作出鉴定的依据；④鉴定结论。

（5）送达。劳动能力鉴定委员会应当自作出鉴定结论之日起20日内将劳动能力鉴定结论及时送达工伤职工及其用人单位，并抄送社会保险经办机构。工伤职工或者其用人单位对初次鉴定结论不服的，可以在收到该鉴定结论之日起15日内向省、自治区、直辖市劳动能力鉴定委员会申请再次鉴定。

71. 劳动能力鉴定的依据是什么？

我国目前劳动能力鉴定委员会所依据的主要标准是2014年发布的《劳动能力鉴定　职工工伤与职业病致残等级》（GB/T 16180—2014）。该标准在定残等级上仍沿用原先的十级规定，定级时遵循晋级原则：对于同一器官或系统多处损伤，或一个以上器官不同部位同时受到损伤者，应先对单项伤残程度进行鉴定。如果几项伤残等级不同，以重者定级；如果两项及以上等级相同，最多晋升一级。各级定残标准大致遵循如下原则：

（1）一级。器官缺失或完全丧失功能，因之造成身体功能丧失并不能由其他器官代偿，对医疗存在特殊性依赖，丧失活动能力，生活严重依赖于护理。例如，极重度智能损伤；肺功能重度损伤和呼吸困难Ⅳ级，需终生依赖机械通气。

（2）二级。身体器官受到严重损伤，存在严重功能障碍或

并发症，对特殊医疗及护理存在严重依赖。例如，重度智能损伤；双膝、踝关节功能完全丧失；无吞咽功能，完全依赖胃管进食。

（3）三级。日常生活需要有人监护，不能完全独立生活，各种活动受到限制，往往只限于室内活动，因伤而导致明显的职业受限并严重影响到正常的社会交往。例如，中度运动障碍（非肢体瘫）；完全性失用、失写、失读、失认等具有两项及两项以上者；一手功能完全丧失，另一手拇指对掌功能丧失。

（4）四级。日常生活能力受到严重限制，偶尔需要他人帮助，活动范围往往限于居所范围，在选择职业上受到种类限制，存在严重的社会交往障碍。例如，面部中度毁容；牙关紧闭或因食管狭窄只能进流食；双侧完全性面瘫。

（5）五级。正常生活能力部分受到限制，偶尔需要他人帮助，活动能力受到限制，仅限于附近范围内的活动，只能选择轻体力劳动的工种，社会交往受限。例如，一侧前臂缺失；肩、肘、腕关节之一功能完全丧失；双前足缺失或双前足瘢痕畸形，功能完全丧失。

（6）六级。正常生活能力部分受到限制，较少需要他人帮助，活动能力降低，不能从事原工作，社交圈子狭窄。例如，不完全性失语；撕脱伤后头皮缺失 1/5 以上；一侧踝以下缺失。

（7）七级。正常生活能力受到限制，不需要他人帮助，无法从事长时间活动，不能胜任正常时间范围内的工作，工时需要缩短，社会交往降低。例如，咽成形术后，咽下运动不正常；气管部分切除术；结肠大部分切除。

（8）八级。正常生活能力受到限制，不需要他人帮助，远距离流动受限，断续工作，社会交往受到限制。例如，人格改变；面部轻度异物沉着或色素脱失；一侧或双侧眼睑明显缺损。

（9）九级。工作和学习能力下降，社会交往受限。例如，胰修补术后；胆囊切除；十二指肠修补术。

（10）十级。工作和学习能力有所下降，社会交往受到部分限制。例如，除拇趾外，任何一趾末节缺失；身体各部位骨折愈合后无功能障碍；嗅觉丧失。

72. 劳动能力鉴定如何收费？

劳动能力鉴定费用因不同地区而有差异，在200元至500元之间，具体的收费标准由省物价部门出台相关文件加以确定。例如，《安徽省物价局关于劳动能力鉴定收费有关问题的函》（皖价费〔2012〕102号）第1条规定，“市级鉴定费标准为每人每次280元；当事人对鉴定结论不服的，由省级劳动鉴定委员会组织专家再次鉴定，鉴定费标准为每人每次450元”。而根据《河南省发展计划委员会、财政厅关于调整劳动鉴定收费标准的通知》（豫计收费〔2003〕139号）的规定，河南省市县级劳动鉴定委员会在劳动

能力鉴定收费上分为4种情况：职工因病或因公负伤200元/人次；职工因工负伤医疗终结后300元/人次；工伤争议400元/人次；护理依赖鉴定300元/人次。《贵州省物价局　贵州省财政厅关于劳动能力鉴定收费标准的通知》（黔价费〔2008〕203号）则规定："1. 伤残等级鉴定320元/人次；2. 复查鉴定320元/人次；3. 延长停工留薪期鉴定200元/人次；4. 安装辅助器具鉴定200元/人次；5. 旧伤复发确认200元/人次。"特别值得注意的是，江苏省物价局在2018年2月宣布取消收取劳动能力鉴定费。

73. 由谁支付劳动能力鉴定费用？

视不同情况、不同阶段，劳动能力鉴定费用的分担方式也是不同的。

（1）初次鉴定。由于工伤事故赔偿责任由用人单位承担，用人单位当然需要支付职工初次劳动能力鉴定费用，具体包括鉴定费、检查费、诊断费及鉴定人的差旅费等。如果初次劳动能力鉴定的申请人是职工或职工的近亲属，那么这笔鉴定费用由他们先行垫付，待日后领取工伤待遇费用时一并向用人单位或保险机构索取。

（2）二次鉴定。《工伤保险条例》第26条规定，"申请鉴定的单位或者个人对设区的市级劳动能力鉴定委员会作出的鉴定结论不服的，可以在收到该鉴定结论之日起 15 日内向省、自治区、直辖市劳动能力鉴定委员会提出再次鉴定申请。”二次鉴定费用大致与初次鉴定费用相当。二次鉴定费用由申请人预先垫付，如果二次鉴定结论与初次鉴定结论相一致，那么二次鉴定费用由申请人承担，这也就意味着如果是职工或其近亲属提出二次鉴定，但最终鉴定结果与第一次并没有什么不同，再次鉴定的费用将由他们承担而不再转嫁给用人单位。如果重新鉴定的结论与初次鉴定的不同，鉴定费用则由作出初次鉴定结论的设区的市的劳动能力鉴定委员会负担。

参见下图：

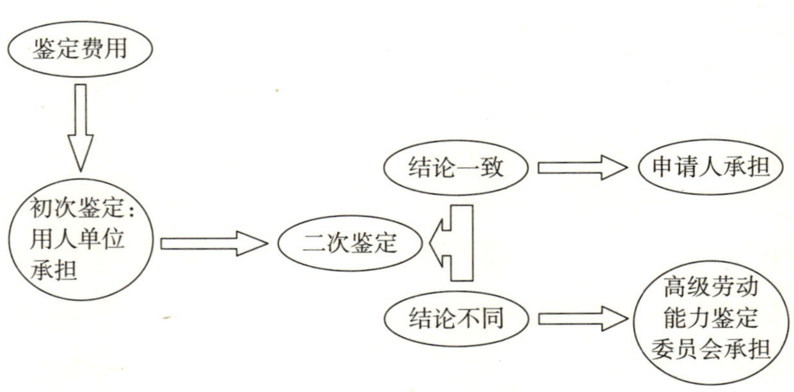

74. 什么是劳动能力鉴定委员会？

劳动能力鉴定委员会是指根据当事人提出的工伤申请，组

织医疗卫生专家，依据国家和省有关标准，对当事人劳动功能障碍程度、生活自理障碍程度和其他应当由其确认的项目，进行技术性鉴定活动的机构。我国劳动能力鉴定委员会分为省、市两级，市级劳动能力鉴定机构负责初次鉴定，如果当事人对初次鉴定结论不服的，可以向省级劳动能力鉴定委员会提出二次鉴定，二次鉴定的结论具有终极性。

75. 劳动能力鉴定委员会的职责是什么？

人力资源和社会保障部、原国家卫生和计划生育委员会于2014年联合发布的《工伤职工劳动能力鉴定管理办法》对两级劳动能力鉴定委员会的职责作出了明确规定。第4条对委员会职责作了总括性规定，劳动能力鉴定委员会要履行以下职责："（一）选聘医疗卫生专家，组建医疗卫生专家库，对专家进行培训和管理；（二）组织劳动能力鉴定；（三）根据专家组的鉴定意见作出劳动能力鉴定结论；（四）建立完整的鉴定数据库，保管鉴定工作档案50年；（五）法律、法规、规章规定的其他职责。"

在此基础上，各省、自治区、直辖市又对省级、市级劳动能力鉴定委员会职责作了进一步区分。以安徽省为例，《安徽省劳动能力鉴定管理办法》第6条第1款规定设区的市劳动能力鉴定委员会承担以下工作："（一）劳动功能障碍程度的初次鉴定和复查鉴定；（二）生活自理障碍程度的初次鉴定和复查鉴定；（三）延长停工留薪期的确认；（四）停工留薪期满后仍需要继续治疗的确认；（五）停工留薪期或者工伤复发治疗期间对需要护理有争议的确认；（六）工伤直接导致疾病的确认；（七）工伤康复的确认；（八）旧伤复发的确认；（九）配置辅助器具的确认；（十）工亡职工供养亲属因病或非因工伤残的劳动能力鉴定；（十一）已参加城镇职工养老保险的职工、死亡职工（因病或非因工）供养亲属因病或非因工伤残的劳动能力鉴定；（十二）其他部门委托的劳动能力鉴定；（十三）法律、法规、规章规定的其他鉴定。”第 7 条规定省级劳动能力鉴定委员会承担以下工作：“（一）劳动功能障碍程度的再次鉴定；（二）生活自理障碍程度的再次鉴定；（三）养老保险行业统筹用人单位的职工、死亡职工（因病或非因工）供养亲属因病或非因工伤残的劳动能力鉴定；（四）法律、法规、规章规定的其他鉴定。”

76. 劳动能力鉴定委员会专家的任职条件是什么？

劳动能力鉴定委员会出具的鉴定结论直接影响到当事人能否享受到伤残待遇、享受什么级别的伤残待遇，这对受伤职工及其家属具有至关重要的意义。因此，劳动能力鉴定委员会要十分留意于对鉴定专家的挑选，确保选出的专家不仅在业务能

力上过硬，而且能够认真负责地履行职责。

要想在劳动能力鉴定委员会任职专家，必须符合以下条件：（1）具有医疗卫生高级专业技术职务任职资格；（2）掌握劳动能力鉴定的相关知识；（3）具有良好的职业品德。为了防止专家在被聘任后出现怠惰现象，劳动能力鉴定委员会对任职专家实行动态管理，每3年对专家库进行一次调整和补充。确有需要的，可以根据实际情况适时调整。

77. 在劳动能力鉴定委员会履职的专家要受到哪些约束？

为了有效约束专家的鉴定行为，《工伤职工劳动能力鉴定管理办法》第28条规定，在劳动能力鉴定委员会任职的专家出现下列行为之一时，应当被解聘；情节严重的，甚至要交由卫生行政部门依法处理："（一）提供虚假鉴定意见的；（二）利用职务之便非法收受当事人财物的；（三）无正当理由不履行职责的；（四）有违反法律法规和本办法的其他行为的。"同时，鉴定专家的某些严重不规范行为甚至可能会触犯刑法，这包括："（一）未及时审核并书面告知申请人需要补正的全部材料的；（二）未在规定期限内作出劳动能力鉴定结论的；（三）未按照规定及时送达劳动能力鉴定结论的；（四）未按照规定随机抽取相关科别专家进行鉴定的；（五）擅自篡改劳动能力鉴定委员会作出的鉴定结论的；（六）利用职务之便非法收受当事人财物的；（七）有违反法律法规和本办法的其他行为的。”

78. 什么是劳动能力复查鉴定？

劳动能力复查鉴定指的是在作出劳动能力鉴定结论后，经过一段时日，劳动者本人或其近亲属、用人单位、经办机构认为伤残情况发生变化，有必要重新加以鉴定。劳动能力复查鉴定的存在主要是考虑到劳动能力鉴定是按照工伤职工当时的伤情和残疾状况程度作出的，而工伤职工的伤残程度有可能通过医疗康复得到减轻，也有可能进一步恶化。《工伤保险条例》第28条对劳动能力复查鉴定作了规定：“自劳动能力鉴定结论作出之日起1年后，工伤职工或者其近亲属、所在单位或者经办机构认为伤残情况发生变化的，可以申请劳动能力复查鉴定。”

79. 提请劳动能力复查鉴定应当符合什么条件？

提请劳动能力复查鉴定应当符合以下两个条件：

（1）提请主体适格。四类主体有资格提请劳动能力复查鉴定：职工本人、职工近亲属、用人单位、经办机构。职工本人对自己的身体最为清楚，职工受伤也会对亲属产生影响，而有些

伤后复查也需要在家属的帮助下才能完成，因此赋予受伤职工本人及近亲属以申请人资格是极有必要的。用人单位申请劳动能力复查鉴定主要是出于为职工调换岗位或者为职工办理离休、病休的考虑，经办机构申请劳动能力复查鉴定则是为了尽最大可能纠正自己在过去工作中可能存在的过失。

（2）在规定时限内。无论是职工本人、职工近亲属、用人单位还是经办机构提出的劳动能力复查鉴定申请都必须在作出劳动能力鉴定结论之日起1年后，规定1年的观察期主要是为了避免当事人频繁提请复查，防止正常的鉴定工作被不当干扰。

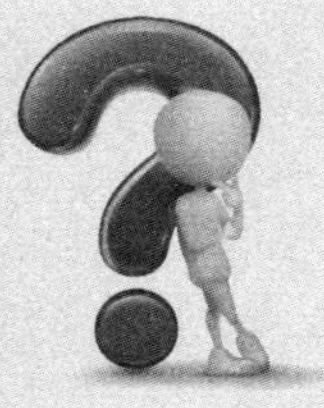

第三章

CHAPTER 3

工伤保险法律常识

第一节　工伤保险

80. 什么是工伤保险？

工伤保险指的是劳动者在规定的或者特殊情况下因遭受意外事故或累积性职业病而造成劳动能力丧失或死亡时，其本人或遗属从国家和社会获得一定物质帮助的制度，它是社会保障制度的重要环节之一。不同于一般意义上的保险，工伤保险是一种法律强制险，用人单位必须为职工缴纳，但只有职工才是受益者。工伤保险立法具有突出的社会法属性及人道主义倾向，它的出现是为了应对潜藏于现代社会下的高风险。工伤保险制度一方面可以及时为受伤的职工提供医疗救治、经济补偿，使职工个人及家庭生活不至于因伤病问题而陷入彻底紊乱的局面，为日后的劳动能力恢复提供一定的保障；另一方面也分散了用人单位在工伤上的风险。

一般说来，工伤保险制度具有如下特征：（1）覆盖范围广。这首先表现在覆盖主体上，工伤保险的对象范围涵盖绝大多数生产过程中的劳动者，大部分因工负伤或罹患职业病的劳动者都可以获得工伤保险待遇。在具体的保障内容上，工伤保险制度也呈现出范围广泛的特征，既包括意外伤害，也包括职业病及意外猝死。（2）工伤保险适用无过错责任原则。无论在具体事故的发生责任上应归咎于用人单位、职工本人或第三者都不会影响工伤认定，仅凭事故存在这一事实行为便可以引发工伤待遇的落实。（3）不同于其他险种，劳动者不需要缴纳工伤保险费，缴费责任全部由用人单位承担。（4）具体的工伤待遇标准会因事故本身的差异而呈现出多种样态。（5）工伤保险遵守补偿与预防、康复相结合的原则。

81. 工伤保险的适用范围是什么？

《工伤保险条例》第2条规定："中华人民共和国境内的企业、事业单位、社会团体、民办非企业单位、基金会、律师事务所、会计师事务所等组织和有雇工的个体工商户（以下称用人单位）应当依照本条例规定参加工伤保险，为本单位全部职工或者雇工（以下称职工）缴纳工伤保险费。中华人民共和国境内的企业、事业单位、社会团体、民办非企业单位、基金会、律师事务所、会计师事务所等组织的职工和个体工商户的雇工，均有依照本条例的规定享受工伤保险待遇的权利。"

这一条明确了工伤保险的适用范围，有利于杜绝用人单位只给本单位正式员工投保的情况。也就是说，用人单位应当给

本单位内的全体劳动者投保。至于个体工商户，则仅限于在有雇工的情况下应当缴纳工伤保险。这样一来，《工伤保险条例》不仅扩大了受保护的劳动者范围，也有效加强了对劳动者的职业安全防护，改善劳动安全卫生条件。

82. 工伤保险的作用是什么？

工伤保险是国家对职工承担社会责任的体现，其作用主要包括以下几个方面。

（1）对劳动者的作用

①工伤保险作为社会保险制度的一个组成部分，是保障工伤职工获得及时救治和赔偿、维护劳动者合法权益的必要措施。②工伤保险保障了职工本人及其供养亲属的基本生活需要，在一定程度上解除了职工和家属的后顾之忧。同时，工伤保险体现出国家和社会对职工奉献精神的尊重，有利于提高他们的工作积极性。③工伤保险有利于妥善处理事故和恢复生产，维护正常的生产、生活秩序，维护社会安定。这能有效防止部分职工及其家属因为工伤而陷于贫困，减少劳动争议的发生，促进企业的生产经营。

（2）对用人单位的作用

工伤保险有利于用人单位分散工伤风险。工伤保险由社会统筹，具有互助互济的特点，对经济能力不强的用人单位来说是一个分散工伤风险的重要工具。当用人单位发生重大生产事故或需要支付的工伤补偿数额较大时，由社会保险机构在社会范围内调配工伤保险基金进行给付，弥补企业资金的不足。这不仅保障了工伤职工的合法权益，还有利于保障企业的正常生产经营。

（3）对生产秩序的作用。

工伤保险有利于促进安全生产。工伤保险与生产单位改善劳动条件、防病防伤宣传、安全教育、医疗康复等工作密切相关。这可以提高用人单位和职工的安全生产意识，有利于改善职工的工作环境，减少生产事故的发生。

83. 工伤保险经办机构的职责是什么？

全国性的工伤保险工作由国务院社会保险行政部门负责，地区性的工伤保险工作由县级以上地方各级人民政府社会保险行政部门负责。具体承办工伤保险事务的则是社会保险行政部门按照国务院有关规定设立的社会保险经办机构（以下称经办机构）。经办机构主要负责以下工作：（1）根据省、自治区、直辖市人民政府的规定，征收工伤保险费；（2）核查用人单位的工资总额和职工人数，办理工伤保险登记，并负责保存用人单位缴费和职工享受工伤保险待遇情况的记录；（3）进行工伤保险的调查、统计；（4）按照规定管理工伤保险基金的支出；（5）按照

规定核定工伤保险待遇；（6）与医疗机构、辅助器具配置机构在平等协商的基础上签订服务协议，并公布签订服务协议的医疗机构、辅助器具配置机构的名单；（7）按照上述协议和国家有关目录、标准对工伤职工医疗费用、康复费用、辅助器具费用的使用情况进行核查，并按时足额结算费用；（8）定期公布工伤保险基金的收支情况，及时向社会保险行政部门提出调整费率的建议；（9）定期听取工伤职工、医疗机构、辅助器具配置机构以及社会各界对改进工伤保险工作的意见。

84. 工伤保险经办机构在履职时要受到哪些约束？

基于工伤保险经办机构的法定职责，经办机构不得不按规定保存用人单位缴费和职工享受工伤保险待遇情况记录，或者不按规定核定工伤保险待遇，或者收受当事人财物，否则将由社会保险行政部门责令改正，并对直接负责的主管人员和其他责任人员依法给予纪律处分。情节严重构成犯罪的，由司法部门依法追究刑事责任，造成当事人经济损失的，由经办机构依法承担赔偿责任。

同理，经办机构内的工作人员不得无正当理由不受理工伤认定申请，或者弄虚作假将不符合工伤条件的人员认定为工伤职工，或者不按规定保管申请工伤认定的证据材料致使证据材料丢失，或者收受当事人财物，否则将由社会保险行政部门依法给予处分。情节严重构成犯罪的，由司法部门依法追究其刑事责任。

85. 工伤保险与意外伤害保险的区别是什么？

为了更好地保障职工权益、降低企业自身风险，部分用人单位不仅会为职工缴纳工伤保险，也会为职工投保意外伤害保险，一些职工对这两个险种并没有很清晰的认识，以为是一回事，但这其实是两个完全不同的制度。工伤保险和意外伤害保险的区别主要有以下几点：

（1）保险性质不同。工伤保险是一种强制性保险，法律规定负有缴纳工伤保险义务的用人单位必须依法缴纳，否则将承担相应的法律责任。意外伤害保险是一种商业保险，遵循的是保险自愿的原则，任何人都不得强制他人投保，否则将承担相应的法律责任。

（2）保险目的不同。工伤保险的目的是保障劳动者的合法权益，使劳动者在因工伤残后能够得到及时的救治和补偿，保证劳动者及其家属的生活不因工伤而难以为继，其不具有营利性。商业保险则以营利为目的，保障被保险人则属次要。

（3）经费来源不同。工伤保险费全部由用人单位承担，劳动者不用缴纳任何费用。特殊情况下，如遇重大工伤事故致工

伤保险基金难以支付全部工伤待遇时，可以由统筹地区的人民政府垫付。而意外伤害保险则由投保人支付保费。

（4）保险金额的确定不同。工伤保险待遇因各地区经济发展水平、各行业工伤风险大小以及国家的福利政策等而有所区别。意外伤害保险则根据投保人和保险人双方的约定支付。

（5）法律关系不同。工伤保险是社会保障制度中的重要环节，是国家行使管理职能的体现。意外伤害保险体现的则是平等的民事法律关系。

（6）保障范围和程度不同。工伤保险仅保障因工作原因遭受意外伤害所带来的一系列直接经济损失，其保障水平往往只能满足劳动者及其家属的基本生活需要。而意外伤害保险则不论时间、地点及原因（恶意骗保的除外），针对被保险人因意外事故产生的伤害所带来的经济损失（一般是医疗费用）均予以报销，其保障水平仅取决于双方合同的约定。

86. 单位只缴纳了意外伤害保险，工伤职工还能否享受工伤保险待遇？

情景再现

王某任职于某建筑公司，该建筑公司与王某签订了一份两年期的劳动合同，合同约定由建筑公司给王某缴纳一定规格的意外伤害保险以替代工伤保险。该建筑公司表示，意外伤害保险可以保障的范围远大于工伤保险，且赔偿额也比工伤保险高，公司一贯都是这么操作的。王某对此表示接受。一年后，王某在工作期间因意外事故受伤，经劳动能力鉴定委员会鉴定构成五级伤残。事后，王某在获得意外伤害保险赔偿的同时要求该建筑公司支付相应的工伤保险待遇，该建筑公司以劳动合同约定“双方同意不缴纳工伤保险”为由拒绝。王某是否有权要求建筑公司支付工伤保险待遇？

法律分析

本案中，王某与建筑公司的约定因违反法律强制性规定而无效，其仍能要求建筑公司支付工伤保险待遇。本案的关键在于用人单位能否和劳动者通过约定的形式以意外伤害保险代替工伤保险，而不在于双方是否自愿以及该意外伤害保险的保障力度是否大于工伤保险。虽然本案中双方约定的意外伤害保险规格较高，其赔偿额度和保障范围均大于工伤保险，但是这并不意味着意外伤害保险能够代替工伤保险。意外伤害保险的本质是商业保险，其遵循平等自愿的原则，保险人设立该保险主要是为了盈利。而工伤保险则具有强制性，是国家管理职能的体现，是以保障因工作遭受事故伤害或者患职业病的职工获得医疗救治和经济补偿，促进工伤预防和职业康复，分散用人单位的工伤风险为目的而设立的。因此，用人单位不能私自用意外伤害保险代替工伤保险，即使劳动者自愿也不能排除用人单位缴纳工伤保险的义务。同时，由于建筑公司未缴纳工伤保险，建筑公司应当根据工伤保险待遇的项目和标准支付全部费用。

87. 什么是工伤保险的无过失补偿原则？

工伤在认定上适用的是无过错责任原则，与之相对应，在工伤待遇的赔付上，适用的是无过失补偿原则。无过失补偿原则是指劳动者只要在伤害事故中所受伤害属于工伤或者视同工伤，就应当按照法律规定标准对其进行赔偿。这一归责原则的基础是“职业风险”理论，因为日常生活中很多职业本身就存在风险，比如工厂、矿山、建筑工地等，且事故发生往往具有突发性、不可预测性以及工伤一般带有不可逆性，对职工本人及其家属都会带来较大的经济损失和精神损失。实行无过失补偿原则的作用是显而易见的，它一方面能够保障职工在因工伤残或死亡时获得必要的经济补偿，尽量防止工伤影响其本人及家庭的正常生活；另一方面能够稳定职工队伍，安定社会。

无过失补偿原则主要包括以下三点内容：第一，在生产过程中造成职工伤亡的事故不论是归因于职工本人、受雇单位还是第三人，都不影响工伤保险待遇的给付。也就是说，工伤保险待遇给付与造成工伤的事故追责相分离。第二，工伤保险待遇的认定和给付都是由统一的社会保险机构进行，单位并不承担工伤保险待遇的直接给付。第三，工伤保险待遇的标准是法律规定的，具有国家强制性。但是，如果劳动者的行为属于《工伤保险条例》第16条规定的“故意犯罪的”“醉酒或者吸毒的”“自残或者自杀的”三种情形的，其伤害本身就不应该被认定为工伤，自然劳动者本人也不应当享受工伤保险待遇。无过失补偿原则并不意味着不问过失，用人单位对工伤事故的发生仍旧应当仔细调查，分析事故原因，总结事故教训。至于劳动者的不规范行为，用人单位可以另行追究违纪行为，只是不得因此而扣发或少发工伤职工的法定赔偿。

88. 工伤保险赔偿是否区分直接经济损失与间接经济损失？

工伤保险的补偿原则是从侵权行为法中的人身伤害赔偿发展而来的，但又区别于传统的人身伤害赔偿。传统的人身伤害赔偿理念是将劳动者的身体健康及生命视为财产处理，发生损害即要求赔偿。这种人身伤害赔偿遵循的是“平等、等价、有偿”的原则，虽然受害者可以获得远高于工伤保险的补偿，但获得赔偿后即与侵权人再无瓜葛。而工伤保险补偿更注重人文关怀，从保护劳动者权益的角度出发，将补偿与救济相结合，其宗旨是保障职工及其家庭的正常经济生活不因工伤而发生较大变化。因此，工伤保险赔偿应当区分直接经济损失和间接经济损失。

89. 工伤保险赔偿中的直接经济损失与间接经济损失分别指的是什么？

直接经济损失是指劳动者在发生伤残事故后个人所受的经济损失。职工的工资收入是维持职工本人及其家庭生活并进行劳动力再生产的最直接、最主要的生活来源，是工伤保险补偿的主要对象。因此，补偿直接经济损失原则要求工伤保险补偿的直接经济损失与职工受伤前的工资水平保持一定比例关系，一般不发全额工资。

间接经济损失是指职工直接经济收入以外的其他经济收入损失。对于职工因工伤导致的直接经济损失以外的其他经济损失，如第二职业收入，因并非人人都有且难以确定而不列入补偿范围。如果职工因工死亡或者伤残致永久丧失劳动能力的，死亡和永久丧失劳动能力的抚恤金一般换算成若干年工资标准支付。

90. 什么是工伤保险的补偿与预防、康复相结合原则？

经济补偿虽然是传统工伤保险的原始目标，但是单纯的补偿不能引起用人单位和社会对工伤预防的重视，因此工伤预防和经济补偿应当成为社会保险政策的两个主要目标。《劳动法》第 52 条以及《工伤保险条例》第 4 条规定，用人单位负有改善劳动条件、减少工伤事故发生、加强劳动者的安全培训、及时发现安全隐患等义务。立法者科以用人单位上述义务的目的是预防工伤事故的发生，降低工伤风险。同时，《工伤保险条例》第 12 条规定，工伤保险基金用于工伤预防的宣传和培训，为工伤预防提供财政支持。这些均表明我国关于工伤保险的立法已由传统的只重经济补偿转向补偿与预防并重的阶段。至于康复则是医疗救治的题中之义，是医疗救治的后续发展和完善，其包括医疗康复、职业康复和社会康复。康复的目的是帮助工伤残疾人员早日恢复劳动能力，提高生活能力。因此，工伤事故发生后，用人单位除应当及时治疗外，还应当采取包括休假、康复训练、职业训练、心理咨询等措施促使职工早日康复，回到工作岗位，回归社会。

91. 什么是职业康复？

职业康复是指通过评估、训练、咨询以及就业支持等手段，帮助受伤工人回到或者重新获得并保持适当的职业，使其参与或重新参与社会生活的过程。它对工伤职工重回工作岗位并重返社会起到重要的作用，是职工获得医疗救助之后的进一步治疗手段。通过职业康复，工伤职工会在逐渐恢复劳动能力的情况下慢慢学会独立，包括生活和经济上的独立，最终摆脱社会的救助。

职业康复的流程主要包括以下四点：（1）职业评定。考察工伤职工的作业水平和适应职业的潜在能力，为后续的程序做铺垫。（2）职业培训。根据职工能做的或者想做的职业，由康复机构对其在技能、工作效率、适应度等方面进行培训，使职工对其以后想要从事的职业产生自信心和想要工作的欲望，并具备从事其所能或所想职业的专业知识和技能。（3）职业咨询。职工在工作前和工作时均会因为工伤的原因而产生各种各样的问题，包括身体、心理和技能上的。因此，康复机构需要根据个人情况帮助职工解答所遇到的问题或困惑，促使其尽快重返工作。（4）职业指导。工伤职工往往对自己以后的职业方向等并不确定，因此康复机构应当根据职工的个人特点提供相应的就业信息和就业建议。

92. 什么是社会康复？

社会康复主要是针对职工因工伤产生的心理问题，它并不是工伤康复的核心内容，但也不可缺少。有些职工受伤后，尤其是在因伤致残的情况下，会产生消极懈怠甚至报复社会的心理。因此，其康复手段也较为特殊，需要运用专业和非专业的综合措施帮助工伤职工克服心理障碍，平等地参与到社会生活中来，积极努力地创造社会价值。社会康复的内容包括心理社会适应、社会生活独立训练、职业伤病后补偿的申请，社会救助、长期照顾、生病期间的照顾以及职业伤病后的经济保障等，其作用主要是帮助工伤职工全面康复。

第二节　工伤保险基金

93. 什么是工伤保险基金？

工伤保险基金是指为了建立工伤保险制度，使工伤职工能够得到及时的救助和享受工伤保险待遇而筹集的资金，是社会保险的一种。它主要由依法参加工伤保险的用人单位缴纳的工伤保险费、工伤保险基金的利息和依法纳入工伤保险基金的其他资金构成。

工伤保险基金的特点主要包括以下四点：（1）强制性。工伤保险费是国家通过法律的形式向用人单位征收的一种社会保险费用，负有缴费义务的用人单位必须按照法律规定足额缴纳，否则将承担不利的法律后果。（2）固定性。工伤保险的缴费对象、缴费基数以及费率等都是事先规定的，任何人或单位都不得随意调整。（3）专用性。工伤保险基金实施专款专用，任何人都不得以任何理由或形式挪作他用。（4）互济性。用人单位不得因未发生工伤而要求工伤保险基金返还费用，社会保险机构也不得因支付给用人单位的工伤补偿费用较大而追加其工伤保险费或不支付工伤保险待遇。

94. 如何使用和管理工伤保险基金？

工伤保险基金存入社会保障基金财政专户，用于《社会保险法》和《工伤保险条例》规定的工伤保险待遇、劳动能力鉴定、工伤预防的宣传、培训等费用，以及法律、法规规定的用于工伤保险的其他费用的支付。工伤预防费用的提取比例、使用和管理的具体办法，适用国务院社会保险行政部门会同国务院财政、卫生行政等部门制定的规定。任何单位或者个人不得将工伤保险基金用于投资运营、兴建或者改建办公场所、发放奖金，或者挪作其他用途。

95. 工伤保险基金的主要支出项目有哪些？

工伤保险基金的支出项目主要包括以下内容：（1）工伤医疗费用：工伤医疗费；住院伙食补助费；跨统筹地区就医的食宿、交通费；（2）因工伤残费用：一级至六级工伤职工伤残津贴；一次性伤残补助金；生活护理费；终止或者解除劳动关系时的一次性工伤医疗补助金；（3）因工死亡费用：丧葬补助金；供养亲属抚恤

金；一次性工亡补助金；（4）劳动能力鉴定费；（5）工伤康复费用；（6）配置辅助器具费用；（7）工伤预防费；（8）工伤保险储备金；（9）其他法律、法规规定应由工伤保险基金支付的费用。

96. 什么是工伤保险储备金？

工伤保险储备金是为了应对重大工伤事故的发生，可能导致基金的大规模支出而建立的一项应急资金。这是由工伤保险基金的固定性以及以支定收、收支平衡的原则所决定的一项必要制度。因为工伤保险费率和缴费基数是事先确定的，社会保险机构不能任意地在当年度内加收工伤保险费或调整工伤保险费率。虽然国家实行行业差别费率制度，但实践中有关费率的变更往往需要 3 年到 5 年。而工伤事故的发生并不能人为控制，由于各种主客观原因，可能上一年度是工伤事故低发期，而下一年度就是工伤事故高发期。尤其是当某一地区遇到重大工伤事故时，工伤保险基金就会陷入难以支付全部工伤待遇的窘境。此时，工伤保险储备金的存在就发挥了作用，它能够有效地应对收支失衡的情况，保障工伤职工的合法权益。至于连工伤保险储备金也难以支付全部工伤保险待遇的情况，法律规定由统筹地区的人民政府垫付，事后再由工伤保险基金在下几个年度的收入中偿还。

工伤保险储备金的数额受到统筹地区经济发展水平、参保人数以及高风险行业参保数等多种因素的影响，难以统一。因此法律规定，储备金占基金总额的具体比例和储备金的使用办法由省、自治区、直辖市人民政府规定。

97. 如何确定用人单位的工伤保险统筹区？

工伤保险费用实行社会统筹制度，同时工伤保险又采取属地管理，因此确定工伤保险统筹区十分重要。目前，我国正在逐步实现省级统筹，对于跨地区、生产流动性较大的行业，可以采取相对集中的方式异地参加统筹地区的工伤保险。

对用人单位而言，其可以通过以下几种方式确定工伤保险统筹区：（1）在工商行政管理、民政、机构编制管理等机构登记注册的，在登记注册所在地参加工伤保险。（2）登记注册地与生产经营地不在同一地区的，原则上在登记注册地参加工伤保险；未在登记注册地参加工伤保险的，在生产经营地参加工伤保险。（3）劳务派遣单位跨地区派遣职工的，根据国家劳务派遣相关规定参加工伤保险。（4）用人单位跨市设置分支机构的，可以在工商登记注册地或者其分支机构所在地中任选一地，集中统一参加工伤保险统筹，也可以分别参加工伤保险统筹（可参照 2018 年 2 月颁布生效的《辽宁省工伤保险实施办法》）。

98. 工伤保险基金省级统筹的基本原则和内容是什么？

根据人力资源和社会保障部、财政部于2017年下发的《关于工伤保险基金省级统筹的指导意见》，省级统筹应当遵循以下几个原则：（1）坚持制度统一，分级管理，提高工伤保险服务水平；（2）坚持职责明晰，强化考核，确保省级统筹有效运行；（3）坚持统调结合，缺口分担，建立基金管理良性机制；（4）坚持目标明确，分步实施，推进工伤保险健康发展。

省级统筹的主要内容包括以下两点：（1）实行省级统筹，要求在省（区、市）内统一工伤保险参保范围和参保对象，统一工伤保险费率政策和缴费标准，统一工伤认定和劳动能力鉴定办法，统一工伤保险待遇支付标准，统一工伤保险经办流程和信息系统。（2）在基金管理上，有条件的省（区、市）可以实行基金统收统支管理；不具备条件的省（区、市）也可以在省级建立调剂金，由市（地）按照一定的规则和比例上解到省级社保基金财政专户集中管理，用于调剂解决各市（地）工伤保险基金支出缺口。

99. 如何确定工伤保险费率？

工伤保险费率的确定主要根据“以支定收，收支平衡原则”

以及“行业差别费率制”。“以支定收，收支平衡原则”是指工伤保险基金必须保障满足工伤保险待遇、劳动能力鉴定、工伤预防的宣传、培训等费用的支出，以及法律、法规规定的用于工伤保险的其他费用的支付，并以此为标准确定工伤保险的费率。“行业差别费率制”是指国家根据不同行业的工伤风险程度确定不同行业的工伤保险费率，并根据工伤保险费使用、工伤发生率等情况在每个行业内再确定若干费率档次。这一制度的设计起到经济杠杆的作用，将工伤保险费率和工伤风险挂钩，使得工伤保险缴费更加公平。行业差别费率及行业内费率档次由劳动保障行政部门会同财政部门、卫生行政部门等部门制定，并报国务院批准后施行（具体可参照人力资源和社会保障部、财政部 2015 年发布的《关于调整工伤保险费率政策的通知》）。

100. 如何缴纳工伤保险费用？

《工伤保险条例》第 10 条第 1 款和第 2 款的规定：“用人单位应当按时缴纳工伤保险费。职工个人不缴纳工伤保险费。用人单位缴纳工伤保险费的数额为本单位职工工资总额乘以单位缴费费率之积。”这一规定明确了工伤保险费的缴纳主体是用人单位，工伤保险缴费的基数是本单位职工工资总额。对于难以

直接按照工资总额计算缴纳工伤保险费的建筑施工企业、小型服务企业、小型矿山企业等的缴费核定，按照参保地所在省、自治区、直辖市的社会保险行政部门制定的建筑施工企业、小型服务企业、小型矿山企业等工伤保险费缴费办法、标准，分别核定应缴金额。

如果用人单位对社会保险经办机构确定的单位缴费费率不服的，可以依法申请行政复议；对复议决定不服的，可以依法提起行政诉讼。

101. 工伤保险基金如何监管？

为了保障工伤保险基金能够被安全合理使用，有必要对工伤保险经办机构及其他中介机构的管理过程及结果进行认证、鉴定及评价。《工伤保险条例》在监管形式上作出了3种规定。

（1）行政监督。社会保险行政部门依法对工伤保险费的征缴和工伤保险基金的支付情况进行监督检查。这是最主要的监管方式。

（2）审计监督。财政部门和审计机关依法对工伤保险基金的收支、管理情况进行监督。审计的形式既包括定期，也包括不定期，审计对象主要涉及基金会计凭证和账簿报表，发现问题后要及时向上级反映。

（3）社会监督。任何组织和个人对有关工伤保险的违法行为有权举报。社会保险行政部门对举报应当及时调查，按照规定处理，并为举报人保密。

与此同时，为了能够更好地督促工伤保险行政部门、经办机构履行自己的法定职责，《工伤保险条例》第50条规定："社会保险行政部门、经办机构应当定期听取工伤职工、医疗机构、辅助器具配置机构以及社会各界对改进工伤保险工作的意见。"

第三节 工伤预防

102. 什么是工伤预防？

工伤预防是通过改善和创造良好的工作环境、提升劳动者的安全意识，以减少事故及职业病的隐患，保护劳动者在生产过程中的健康。工伤预防是降低工伤发生率的重要举措，做好工伤预防工作就能够减少事故发生，甚至使某类事故不再发生。工伤预防措施可以分为工程技术措施、教育措施及管理措施三大类。

（1）工程技术措施。工程技术措施是指从科技创新角度对生产设备、工艺、操作等进行重新设计、检查及保养。随着时间的演进，最初先进的生产设备也难以避免更新换代的命运，企业每次对生产设备的更新不仅提高了生产效率，也改善了安全环境。此外，设备由于长期运作，必然会出现磨损、锈蚀等现象，这在无形中增加了操作的不稳定性，有可能引发安全事故，定期对设备进行检修保养极有必要。

（2）教育措施。安全教育的对象不仅限于劳动者，用人单位的责任人、管理者也要不断提升自己的安全意识。教育的内容既包括思想教育，也包括安全技术知识教育。思想教育是生产安全教育的重要内容，它的主要目的在于通过对风险意识的强化，使管理者与职工分别自觉制定、落实安全措施，切实做到不违章指挥、违章作业。安全技术知识教育则涉及更为微观的层面，它主要包括对企业生产过程中不安全因素的提醒、安全防护基本知识的传授、个人防护用品的正确使用方法、紧急事故时如何自救等，它主要面向各类特种作业人员。

（3）管理措施。管理措施既指由政府制定出台相关安全生产法规，强化用人单位的责任意识，也指用人单位在自身内部推行安全生产举措，主要包括制定企业安全生产规范、组织安全检查、实行岗位责任制、强化交接班制度等。

103. 工伤预防费如何管理？

工伤预防费是指统筹地区工伤保险基金中依法用于开展工伤预防工作的费用。它是工伤保险基金中的组成部分，是落实工伤预防这一立法目的的重要支柱。它由统筹地区人力资源社会保障部门会同财政、卫生、安全监管等部门共同管理，主要用于以下两个方面：（1）工伤事故和职业病预防宣传；（2）工伤

事故和职业病预防培训。工伤预防费在工伤保险基金中所占比例不高，在保证工伤保险待遇支付能力和储备金留存的前提下，工伤预防费的使用原则上不得超过统筹地区上年度工伤保险基金征缴收入的3%。因工伤预防工作需要，经省级人力资源和社会保障部门、财政部门同意，可以适当提高工伤预防费的使用比例。在工伤预防费的管理上，主要采用的是预算管理的模式。统筹地区社会保险经办机构按照上一年度预算执行情况，根据工伤预防工作需要，将工伤预防费列入下一年度工伤保险基金支出预算。

104. 工伤预防的项目如何确定？

（1）确定重点领域。在确定工伤预防项目之前，首先由统筹地区人力资源和社会保障部门会同财政、卫生等部门以及本辖区内负有安全监督管理职责的部门，根据工伤事故伤害，职业病高发的行业、企业、工种、岗位等情况，统筹确定工伤预防的重点领域，并通过适当方式告知社会。

（2）各行业协会、大中型企业申报。重点领域确定后，统筹地区行业协会和大中型企业等社会组织依据上述重点于每年工伤保险基金预算编制前提出下一年拟开展的工伤预防项目，编制项目实施方案和绩效目标，向统筹地区的人力资源和社会保障部门申报。

（3）项目审核、确定。接到各行业协会、企业的申报材料后，统筹地区人力资源和社会保障部门会同财政、卫生、安全监管等部门，根据项目申报情况，结合本地区工伤预防重点领域和工伤保险等工作重点，以及下一年工伤预防费预算编制情况，统筹考虑工伤预防项目的轻重缓急，于每年 10 月底前确定纳入下一年度的工伤预防项目并向社会公开，列入计划的工伤预防项目实施周期最长不超过两年。

105. 工伤预防的项目如何实施？

工伤预防项目的实施办法根据实施主体的不同可分为两种。

（1）行业协会和大中型企业。纳入年度计划的工伤预防实施项目，原则上由提出项目的行业协会和大中型企业等社会组织负责组织实施。行业协会和大中型企业等社会组织根据项目实际情况可以采取以下两种实施方式：①直接实施。行业协会和大中型企业等社会组织应当与社会保险经办机构签订服务协议。②委托第三方机构实施。行业协会和大中型企业等社会组织应当参照《政府采购法》和《招标投标法》规定的程序，选择具备相应条件的社会、经济组织以及医疗卫生机构提供工伤预防服务，并与其签订服务合同，明确双方的权利义务。服务协议、

服务合同应报统筹地区人力资源和社会保障部门备案。

（2）中小微企业。面向社会和中小微企业的工伤预防项目，可由人力资源和社会保障、卫生、安全监管部门参照《政府采购法》等相关规定，从具备相应条件的社会、经济组织以及医疗卫生机构中选择提供工伤预防服务的机构，推动组织项目实施。

上述情况中如果是参照《政府采购法》实施的工伤预防项目，其费用低于采购限额标准的，可协议确定服务机构。

106. 工伤预防的项目如何结项、费用如何支付？

工伤预防项目款项的支付主要分两步进行。第一步，对确定实施的工伤预防项目，统筹地区社会保险经办机构可以根据服务协议或者服务合同的约定，向具体实施工伤预防项目的组织支付30%至70%的预付款；第二步，项目评估验收合格后，由社会保险经办机构支付余款。在第一步与第二步之间主要是对项目进行评估验收，以保证项目能够有效实施。验收方式因项目实施主体不同而有所区分。对于行业协会和大中型企业等社会组织直接实施的项目，由人力资源和社会保障部门组织第三方中介机构或聘请相关专家对项目实施情况及绩效目标实现情况进行评估验收，形成评估验收报告。对于委托第三方机构实施的，由提出项目的单位或部门通过适当方式组织评估验收，评估验收报告报人力资源和社会保障部门备案。评估验收报告作为开展下一年度项目的重要依据。最后，社会保险经办机构要将工伤预防项目的实施情况、验收结果以及费用使用情况等向社会公布，以接受参保单位和社会公众的监督。

第四节　用人单位的工伤保险责任

107. 用人单位在工伤保险中需要承担哪些责任？

工伤保险的作用虽然能够分散用人单位的工伤风险，但用人单位仍旧负有一定的法律义务以保障劳动者的合法权益，其主要包括以下几点：

（1）用人单位应当按照法律、法规的规定依法为本单位的职工缴纳工伤保险，并将参加工伤保险的有关情况在本单位内公示。

（2）用人单位应当遵守有关安全生产和职业病防治的法律、法规，执行安全卫生规程和标准，预防工伤事故发生，避免和减少职业病危害。在职工发生工伤时，用人单位应当采取措施使工伤职工得到及时救治。

（3）在停工留薪期内，职工的工资福利待遇不变，由用人单位按月支付。在停工留薪期内，因生活不能自理需要护理的，由所在单位负责。

（4）职工因工致残被鉴定为一级至四级伤残的，用人单位应当和职工个人以伤残津贴为基数，缴纳基本医疗保险费。

（5）职工因工致残被鉴定为五级、六级伤残的，保留与用人单位的劳动关系，由用人单位安排适当工作。难以安排工作的，由用人单位按月发给伤残津贴，标准为：五级伤残为本人工资的70%，六级伤残为本人工资的60%，并由用人单位按照规定为其缴纳应缴纳的各项社会保险费。伤残津贴实际金额低于当地最低工资标准的，由用人单位补足差额。经工伤职工本人提出，该职工可以与用人单位解除或者终止劳动关系，由用人单位支付一次性伤残就业补助金。

（6）职工因工致残被鉴定为七级至十级伤残的，在劳动、聘用合同期满终止或者职工本人提出解除劳动、聘用合同时，由用人单位支付一次性伤残就业补助金。

（7）职工因工外出期间发生事故或者在抢险救灾中下落不明的，用人单位应当从事故发生当月起3个月内照发工资，从第4个月起停发工资。

（8）用人单位未缴纳工伤保险时，由用人单位根据工伤保险的项目和标准支付费用。

108. 用人单位必须为职工缴纳工伤保险吗？

为职工缴纳工伤保险是法律规定用人单位必须履行的义务，

其性质上属于法定的、强制性的义务，这一点在《劳动法》和《工伤保险条例》中都有体现。《劳动法》第72条规定，“用人单位和劳动者必须依法参加社会保险，缴纳社会保险费。”《工伤保险条例》第2条规定：“中华人民共和国境内的企业、事业单位、社会团体、民办非企业单位、基金会、律师事务所、会计师事务所等组织和有雇工的个体工商户（以下称用人单位）应当依照本条例规定参加工伤保险，为本单位全部职工或者雇工（以下称职工）缴纳工伤保险费。”实践中却存在部分用人单位不为职工缴纳工伤保险的行为，这不仅违反了法律规定，损害了职工的合法权益，也对用人单位本身不利，即其不能通过工伤保险基金来分散工伤风险。而职工往往是上述行为的最终受害者，因其不能得到及时的救治和妥善的赔偿，对职工本人及其家庭的经济生活均造成较大影响。在这种情况下，产生的工伤应当如何赔偿是职工面临的实际问题。

109. 用人单位未缴纳工伤保险该怎么办？

根据《工伤保险条例》第62条第2款和第3款规定，依法应当参加工伤保险而未参加工伤保险的用人单位职工发生工伤的，由该用人单位按照法律规定的工伤保险待遇项目和标准支付费用。用人单位参加工伤保险并补缴应当缴纳的工伤保险费、滞纳金后，由工伤保险基金和用人单位依照法律的规定支付新发生的费用。法律明确赔偿责任主体是用人单位，其理由是工伤赔偿本就是雇主的责任，工伤保险是为了分散工伤风险而设立的，此时违法不缴纳工伤保险产生的工伤赔偿自然应由用人单位全部承担。同时，对该违法用人单位，劳动行政部门应当给予“责令限期参加，补缴应当缴纳的工伤保险费，并自欠缴之日起，按日加收万分之五的滞纳金”的行政处罚。职工则可以在事故发生后去该用人单位所在地的人力资源和社会保障局，请求裁定用人单位给职工补缴工伤保险，同时向单位索要赔偿。总的来说，未缴纳工伤保险时，职工的权益仍有法律保障，而用人单位却得不偿失，除承担全部赔偿责任外，还会受到相应的行政处罚。

110. 用人单位欠缴、不缴工伤保险有何后果？

用人单位欠缴、不缴工伤保险的情况主要可以分为以下三种：第一，用人单位应当按照法律规定参加工伤保险而未参加的；第二，用人单位虽参加工伤保险，但存在少报、漏报、瞒报等情况；第三，用人单位因筹资困难，难以一次性缴清工伤保险费的。针对上述不同情况，法律规定了不同的处理方式。

用人单位应当参加而未参加的，由社会保险行政部门责令

限期参加，补缴应当缴纳的工伤保险费，并自欠缴之日起，按日加收万分之五的滞纳金；逾期仍不缴纳的，处欠缴数额1倍以上3倍以下的罚款。在此期间发生工伤事故的，由用人单位按照工伤保险待遇和标准支付费用。

用人单位对缴费人数、缴费基数等存在瞒报、漏报、少报等情况的，由征缴部门要求用人单位限期补足。用人单位拒不提供相关资料或不补足缴费的，则由征缴部门转交稽核部门进行核查并责令补足。

用人单位因筹资困难，难以一次性缴清工伤保险费用的，转交稽核部门进行缴费能力稽核。经核查情况属实的，征缴部门可与用人单位签订社会保险还欠协议（以下简称“还欠协议”）。如欠费单位发生被兼并、分立、破产等情况，按下列方法签订还欠协议：（1）欠费单位被兼并的，与兼并方签订还欠协议；（2）欠费单位分立的，与各分立方签订还欠协议；（3）欠费单位进入破产程序的，与清算组签订清偿协议；（4）单位被拍卖出售或租赁的，与主管部门签订还欠协议。破产单位无法完全清偿的欠费，征缴部门受理单位破产清算组提出的申请，转交财务部门按规定提请核销处理。破产单位清算时应预留由用人单位支付的工伤保险待遇的相关费用。

对逾期仍未缴纳或补足工伤保险费的，稽核部门可采用如下程序处理：（1）向银行和其他金融机构查询其存款账户；（2）经社会保险行政部门批准，书面通知其开户行或其他金融机构划拨工伤保险费；（3）用人单位账户余额不足缴纳工伤保险费的，可要求该用人单位提供担保，签订延期缴费协议；（4）用人单位仍未足额缴纳工伤保险费且未提供担保的，可申请人民法院扣押、查封、拍卖其财产以抵缴工伤保险费。

111. 用人单位拒不支付因未缴纳工伤保险而应承担的工伤赔偿时，应该如何解决？

《工伤保险条例》第 62 条虽然规定了用人单位在未缴纳工伤保险时应当依法补缴并承担全部的工伤赔偿，但实践中存在用人单位拒不赔偿或根本无力赔偿的情况。在上述情况下，职工处于弱势地位，往往得不到及时的救治和赔偿。这相当于间接地转嫁用人单位的违法责任，对职工及其家庭来说极不公平，同时也不符合社会保险设立的目的。因此，如何在此情况下落实受伤职工的赔偿、切实保障劳动者的合法权益是解决问题的关键。

我国在上述情况下采取的是由工伤保险基金先行赔付，事后再向违法用人单位追偿的方式。《社会保险法》第 41 条规定："职工所在用人单位未依法缴纳工伤保险费，发生工伤事故的，由用人单位支付工伤保险待遇。用人单位不支付的，从工伤保险基金中先行支付。从工伤保险基金中先行支付的

工伤保险待遇应当由用人单位偿还。用人单位不偿还的，社会保险经办机构可以依照本法第六十三条的规定追偿。”这种做法不仅照顾了处于弱势地位的职工，也彰显了国家责任，由社会保险机构来承担不能追偿的风险。当然，由社会保险机构来承担风险是有一定合理性的，并非只是为了保护职工的合法利益。因为社会保险机构负有督促用人单位参保的义务，而职工对用人单位是否缴纳工伤保险并不知情。所以，职工在用人单位未缴纳工伤保险又拒不支付赔偿时可以先向当地的社会保险机构申请工伤赔偿，剩下的追偿问题则由社会保险机构的行政部门依法处理。

112. 对于用人单位补缴工伤保险费之前发生的工伤事故，用人单位是否承担责任？

情景再现

张某就职于一家服装厂，从事车间操作工作。其与该厂签订了两年期劳动合同，但该厂并未替张某缴纳社会保险。某日，张某在下班途中发生交通事故受伤，劳动行政部门认定为工伤，经劳动能力鉴定委员会鉴定构成十级伤残。事后，张某找到服装厂要求其补缴工伤保险并支付相应的工伤保险待遇。迫于劳动行政部门的压力，服装厂为张某补办了工伤保险，补交了相应的工伤保险费与滞纳金。服装厂告知张某可以要求工伤保险基金管理部门支付相应的工伤保险待遇，但张某向工伤保险基金管理部门提出要求后却遭到拒绝。无奈，张某只好以公司为被申请人，申请劳动仲裁。公司是否可以不支付张某的工伤保险待遇？

法律分析

该服装厂应当支付张某的工伤保险待遇。《工伤保险条例》第 62 条第 3 款规定：“用人单位参加工伤保险并补缴应当缴纳的工伤保险费、滞纳金后，由工伤保险基金和用人单位依照本条例的规定支付新发生的费用。”也就是说，除用人单位补缴工伤保险费之后新发生的费用外，其他工伤保险待遇都应当由用人单位承担。但是本案中用人单位却认为只要其补缴工伤保险费以及滞纳金，工伤职工的工伤保险待遇就可以由工伤保险基金支出。根据人力资源和社会保障部发布的《关于执行〈工伤保险条例〉若干问题的意见（二）》第 3 条的规定，“新发生的费用”是指用人单位参加工伤保险前发生工伤的职工，在参加工伤保险后新发生的费用。而本案中，张某发生工伤以及产生的相关费用都在用人单位参加工伤保险之前，不属于该条规定的“新发生的费用”，因此应由服装厂支付。

113. 用人单位破产的，工伤保险待遇由谁承担？

企业破产是指企业因经营管理不善导致不能清偿到期债务，并且资产不足以清偿全部债务或者明显缺乏清偿能力，最终依法宣告破产并依破产程序偿还债务的企业行为。宣告破产后企业进入清算程序，以企业的破产财产偿还债务，此时企业职工的工伤保险待遇也属于破产债务的一部分。

企业破产之后失去法人资格，故企业负责人往往以此为由欺骗工伤职工而逃避支付相应的工伤保险待遇。但实际上，根据《工伤保险条例》第 43 条第 4 款的规定，企业破产的，在破产清算时依法拨付应当由单位支付的工伤保险待遇费用。而且根据《企业破产法》第 113 条的规定，工伤职工的工伤保险待遇在破产债务清偿顺序中处于第一顺序，这便意味着企业应当以破产财产优先清偿工伤职工的工伤保险待遇。这样一来，国家设立工伤保险以保障工伤职工能够得到及时救治和补偿的目的就不会因为企业破产或者破产财产因偿还其他债务以至于不足以支付部分或全部工伤职工的工伤保险待遇而落空。

优先清偿的债务内容根据企业缴纳工伤保险的情况不同而有所区别。若企业破产前依法参加工伤保险的，则只需要用破产财产支付工伤职工一次性伤残就业补助金、停工留薪期内的工资福利待遇等《工伤保险条例》规定应当由企业支付的费用；若企业未依法参加工伤保险，则由企业用破产财产按照工伤保险待遇的项目和标准向工伤职工支付费用。

114. 用人单位合并、分立、转让的，职工的工伤保险待遇由谁来承担？

用人单位的合并是指两个以上用人单位通过签订合同，依照法定程序合并成一个用人单位。其又可细分为新设合并和吸收合并两种模式。用人单位的分立是指一个用人单位依照法定程序分立成两个或两个以上的用人单位。用人单位转让是指一个用人单位不经解散而将其经营活动的全部或其独立核算的分支机构转让给另一个用人单位。上述三种情况都会涉及原用人单位内部职工的工伤保险待遇应当找谁承担的问题。经常发生的情况是，合并、分立、转让后的用人单位以该工伤发生在合并、分立、转让之前为由，拒绝向工伤职工支付相应的工伤保险待遇。如此一来，用人单位便将工伤职工推向了社会。这不仅不利于保障工伤职工的合法权益，还不利于维护社会的稳定秩序。

实际上，维护职工的合法权益，妥善解决工伤职工的工伤保险待遇，这是用人单位在合并、分立、转让后应当及时处理的一个重要问题。根据《民法总则》第67条的规定，法人合并的，其权利和义务由合并后的法人享有和承担。法人分立的，其权利和义务由分立后的法人享有连带债权，承担连带债务，但是债权人和债务人另有约定的除外。同时，《工伤保险条例》第43条也规定，用人单位分立、合并、转让的，承继单位应当承担原用人单位的工伤保险责任。因此，用人单位不能以工伤发生的时间为由而拒绝承担相应的责任。如果用人单位之间在合并、分立、转让前订有有关职工工伤保险待遇如何处理的协议，则按照协议约定处理。若协议约定内容违反有关工伤保险的法律、法规强制性规定，则协议无效。如果没有相关协议，则由承继单位到当地工伤保险经办机构办理工伤保险变更登记。

当然，如果用人单位因合并、分立、转让导致客观情况发生变化，需要与劳动者重新签订劳动合同，则签订后产生的工伤保险待遇等问题应当根据新合同来处理。

115. 职工借调期间的工伤保险待遇由谁承担？

情景再现

王某任职于某大型器械销售公司，担任工程技术员。后因工作需要，王某被该销售公司派至某服装生产厂协助其进行生产设备维修。销售公司与服装生产厂约定，由服装生产厂借用王某4

个月，工资、奖金等福利待遇仍由销售公司承担，服装生产厂仅支付一笔借用费。后来，王某在服装生产厂维修设备时因意外事故导致六级伤残。为得到及时治疗，王某先行垫付了相关治疗费用。事后，王某拿着各项收据找销售公司和服装生产厂报销时，销售公司以工伤发生时王某并未替本公司工作为由拒绝支付，而服装生产厂则以王某的人事关系都在销售公司为由拒绝支付。至此，王某的工伤保险待遇应当由谁承担？

法律分析

王某的工伤保险待遇应当由该大型器械销售公司承担，但该销售公司可以与服装生产厂约定补偿办法。本案的关键并不在于王某工伤发生的地点和原因，而在于两公司间借调员工是否会影响员工工伤保险待遇的承担。对于员工来说，其处于相对弱势的地位，因此不管责任到底是借调单位的还是原单位的，必须要有一家承担相应的工伤保险待遇。对于这个问题，原劳动部的观点是由借调单位承担工伤职工的工伤保险待遇。但后来制定《工伤保险条例》时将该观点修改为“职工被借调期间受到工伤事故伤害的，由原用人单位承担工伤保险责任，但原用人单位与借调单位可以约定补偿办法”。这样做主要是从更好地保障劳动者工伤保险权益的角度考虑。因为借调并不影响职工的人事关系，有关该职工的一切档案资料都在原单位保存，其工伤保险仍由原单位

缴纳。一旦由借调单位承担工伤保险待遇，一方面不利于工伤职工获得赔偿，另一方面不利于借调单位向工伤保险经办机构申请工伤保险待遇。当然，两公司可以事后约定补偿办法或者在借调之前就在借调合同中约定补偿办法。

116. 在两个以上单位工作的劳动者发生工伤时应当如何处理？

情景再现

孙某在某企业工作，每天下班后都会前往健身房锻炼。孙某的长期坚持换来一副好身材，恰逢健身教练辞职，健身房经理有意聘用孙某担当教练，孙某答应了经理的邀请。在结束白天的工作后，孙某会在晚上前往健身房做兼职。某晚，正在指导学员健身的孙某被滑落的杠铃砸伤左脚。在治疗期间，孙某向劳动部门提请认定工伤。同时聘用孙某的两家单位，究竟该由谁承担工伤赔偿呢？

法律分析

本案中的孙某是在为健身房工作中受的伤，因伤造成的费用应当由健身房承担。虽然现在社会上大部分人从事全职工作，但也有不少人做着各种兼职，他们不单隶属于某一个单位，而是同时与好几家单位保持着正常的劳动法律关系。为了充分保障这些劳动者的合法权益，每个用人单位都有为这类职工缴纳工伤保险的义务，不能因为职工在多个单位工作，各用人单位间就可以彼此推卸缴费责任。这充分表现在《劳动和社会保障部关于实施〈工伤保险条例〉若干问题的意见》第 1 条的规定上："职工在两个或两个以上用人单位同时就业的，各用人单位应当分别为职工缴纳工伤保险费。职工发生工伤，由职工受到伤害时其工作的单位依法承担工伤保险责任。"

117. 工人在不具备用工主体资格的单位务工，其工伤保险待遇由谁承担？

情景再现

具备用工主体资格的某建筑公司将承包的一个建筑工程分包给一家不具有用工主体资格的工程承包商乙，张某是乙招用的一个钢筋工。某日，张某在工地用卷扬机拉钢筋时，左臂不慎被卷扬机压伤。事后，张某被当地的劳动行政部门认定为工伤，经劳动能力鉴定部门鉴定构成五级伤残。张某拿着该鉴定书和医药费发票要求乙报销并给付住院伙食补助费、护理费、停工留薪期间工资、一次性伤残补助金等工伤保险待遇，乙拒绝承担并告知张某去找某建筑公司。张某的工伤保险待遇究竟应当由谁来承担?

法律分析

本案的难点在于乙并不具有用工主体资格，而某建筑公司与张某之间又没有形成事实劳动关系。实践中经常出现的情况是承包人将建筑工程违法分包给不具备用工资格的承包商，承包商则在发生工伤事故后以极低的代价打发工人。本来根据《工伤保险条例》的规定，用人单位实行承包经营的，工伤保险责任由职工劳动关系所在单位承担。但是对于上述情况，其与承包商和某建筑公司之间均无劳动关系存在。为此，人力资源和社会保障部在2013 年发布的《关于执行〈工伤保险条例〉若干问题的意见》中规定，具备用工主体资格的承包单位违反法律、法规规定，将承包业务转包、分包给不具备用工主体资格的组织或者自然人，该组织或者自然人招用的劳动者从事承包业务时因工伤亡的，由该具备用工主体资格的承包单位承担用人单位依法应承担的工伤保险责任。因此，张某可以要求某建筑公司支付其相应的工伤保险待遇。不过，根据《劳动合同法》第 94 条的规定，个人承包经营违反法律、法规规定招用劳动者，给劳动者造成损害的，发包的组织与个人承包经营者承担连带赔偿责任。因此，该建筑公司可以在支付完相应的费用后向该承包商追偿。

118. 用人单位能否辞退因工致残的职工？

情景再现

小赵因工致残后仍与单位保持劳动关系，用人单位考虑到小赵身体上的残疾，重新对他的岗位进行了调整，新岗位与之前的岗位相比，虽然不需要太多体力劳动，但在待遇上要差一些。小赵因为工资收入的减少便埋怨用人单位，以迟到早退、无故旷班的形式发泄自己的不满，同时向同事到处散播负面情绪，严重影响了整个单位正常的工作秩序。用人单位迫不得已决定辞退小赵，小赵认为自己为了单位的利益受伤致残，单位的辞退决定对他很不公平。单位的辞退行为有法律依据吗？

法律分析

因工致残的职工在用人单位本身就处于一种弱势者的地位，不仅是相较用人单位而言，更是相较其他健康劳动者而言的，用人单位对伤残职工应持一种包容态度，这既是对职工过去工作的肯定，也是对他因工负伤、致残这一事实的尊重，有助于在精神上宽慰受伤劳动者。因此，正如上文已经指出的，《劳动合同法》第42条规定，用人单位是不能因为职工伤残便要求辞

退员工的，除非劳资双方达成一致协议。但这也不意味着伤残职工可以恣意妄为，《劳动合同法》第 39 条规定了用人单位可以解除劳动合同的情形，其中第 2 项规定，严重违反用人单位的规章制度的，用人单位可以解除劳动合同。因此，即便是伤残职工，如果严重违反用人单位内部章程，也会有被辞退的可能，但是出于慎重考虑，用人单位在辞退伤残职工时最好征得当地劳动管理部门的同意。

119. 用人单位能否主动解除与受伤职工的劳动合同？

情景再现

王先生是某建筑公司的测量工程师，已经与用人单位订立了劳动合同。某日，王先生在测绘时不慎从高处摔下，经治疗后被鉴定为八级伤残。建筑公司认为王先生已经无法正常履行原本的工作，不久便告知其工作已经由新人取代，他不用再来公司上班。用人单位的这种做法正确吗？

法律分析

王先生在劳动能力上的下降是工伤造成的，用人单位不能因此认为王先生是负担而单方面与他解除合同。用人单位在以

《劳动合同法》第40、41条的理由裁减员工时必须受到某种禁止性限制，《劳动合同法》第42条规定："劳动者有下列情形之一的，用人单位不得依照本法第四十条、第四十一条的规定解除劳动合同：（一）从事接触职业病危害作业的劳动者未进行离岗前职业健康检查，或者疑似职业病病人在诊断或者医学观察期间的；（二）在本单位患职业病或者因工负伤并被确认丧失或者部分丧失劳动能力的；（三）患病或者非因工负伤，在规定的医疗期内的；（四）女职工在孕期、产期、哺乳期的；（五）在本单位连续工作满十五年，且距法定退休年龄不足五年的；（六）法律、行政法规规定的其他情形。"

但是在和王先生协商一致的情况下，劳动合同可以解除。劳动者与用人单位是劳动法律关系的当事人，即便在劳动合同期限尚未届满时，在特定情况下的任何一方都可以提前解除合同。

120. 用人单位和劳动者之间关于工伤赔偿的"私了协议"是否有效？

工伤赔偿"私了协议"是指用人单位在职工发生工伤后与其达成的私下赔偿协议。这种协议在一定程度上规避了劳动行政部门的监管以及法律、法规规定用人单位应当承担的相应的赔偿责任（虽然工伤保险待遇由国家承担，但部分费用，如停工留薪期内的工资福利待遇、一次性工亡补助金、一次性伤残就业补助金等仍要用人单位承担)。“私了协议”通常发生在用人单位未缴纳工伤保险或者用人单位因某些原因不愿上报工伤事故的情况下。劳动者与用人单位签订“私了协议”大多迫于无奈，或者是因为急需钱来接受治疗，或者是对工伤保险相关法律知识并不了解而被用人单位欺骗，或者是因为申请工伤保险待遇程序过于烦琐，等待时间较长。因此，“私了协议”的效力不能一概而论，其主要有以下三种情况。

（1）工伤发生后，用人单位为逃避劳动行政部门的监管，隐瞒工伤事故，与劳动者签订工伤“私了协议”的，该协议因违反《合同法》第 52 条第 5 款的规定而无效。工伤事故发生后，用人单位依法应当及时上报工伤事故并申请启动工伤认定程序、劳动能力鉴定程序。这是法律的强制性规定，不仅为了保护劳动者的合法权益，也为了维护国家劳动安全制度。

（2）工伤发生后，用人单位及时上报工伤事故，申请工伤认定以及劳动能力鉴定，并且与劳动者在工伤“私了协议”中载明的赔偿标准和赔偿金额不低于法定工伤保险待遇的，协议有效。这种情况是双方真实意愿的表示，且不违反劳动法律、法规关于工伤待遇的强制性规定，应当尊重。

（3）工伤发生后，用人单位虽然及时上报工伤事故，申请工伤认定和劳动能力鉴定，但与劳动者在工伤“私了协议”中载明的赔偿标准和赔偿金额明显低于法定工伤保险待遇的，该协议可变更或可撤销。因为《工伤保险条例》规定的工伤待遇标准属于法定标准，明显低于该标准支付的工伤待遇则属不当。这样的协议对劳动者来说显失公平，根据《合同法》第 54 条的规定可以撤销。同时，根据《最高人民法院关于审理劳动争议案件适用法律若干问题的解释》第 20 条的规定，劳动者对该协议的赔偿金额不服的，还可以请求人民法院判决变更。

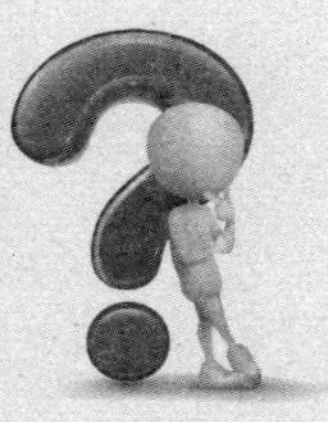

第四章

CHAPTER 4

工伤保险待遇

第一节　工伤保险待遇和人身损害赔偿

121. 工伤保险待遇赔偿和人身损害赔偿的区别是什么？

由于工伤不同于人身损害，工伤保险待遇与人身损害赔偿也相区别。工伤保险待遇是指职工因工发生暂时或永久人身健康或生命损害的一种补救和补偿，其作用是使伤残者的医疗、生活有保障，使工亡者遗属的基本生活得到保障。人身损害赔偿是指因生命、健康、身体遭受侵害，赔偿权利人有权起诉请求赔偿义务人赔偿财产损失和精神损害的制度。两者之间的区别主要有以下几点：

（1）法律关系基础不同。工伤保险待遇是以存在劳动关系为前提，具有国家强制性，工伤保险待遇的项目和标准都由国家以法律的形式规定并实施。人身损害赔偿则是平等的民事主体之间的法律关系。

（2）归责原则不同。工伤保险采取的是无过错责任原则，只要发生了工伤，职工就能按照法律规定享受工伤保险待遇，不论该工伤是否因职工本人原因造成的。用人单位不得因工伤可归责于职工而少发或不发工伤保险待遇，只能根据其他规定追究职工的违纪责任。而人身损害赔偿采取的是过错责任原则，行为人无过错则不需承担责任。如果受害者和第三人对损害结果的发生都有过错，则根据彼此的过错程度分担损害赔偿责任。

（3）赔偿标准不同。工伤保险的赔偿标准不区分城镇户籍和农村户籍，所有应该支付的项目和标准都有法律和法规统一、明确的规定，最多是在某些赔偿事项上存在地区差异，因各地区的经济发展水平、参保人数等存在较大差异。而人身损害赔偿往往区分城镇户籍和农村户籍，一般而言，城镇户籍的赔偿额是农村户籍的两倍以上。

（4）举证责任不同。因工伤保险待遇的问题发生劳动争议的，一般采取举证责任倒置，如双方对工伤的认定、工作年限、工资标准等有异议，由用人单位承担举证责任。而对于人身损害赔偿，除特殊情况外，一般都是采取"谁主张，谁举证"的原则。

（5）赔偿条件不同。劳动者获得工伤保险待遇的前提是经过工伤认定、劳动能力鉴定，并向工伤保险经办机构申请工伤保险待遇等程序。而人身损害赔偿只需要证明行为人的侵权行为与损害结果的发生之间存在因果关系即可。

（6）赔偿范围不同。根据《工伤保险条例》的规定，工伤保险待遇的支付项目包括以下几点：①治疗工伤所花费的诊疗费、药品费、住院服务费和住院伙食补助费以及跨统筹地区就医产生的交通费和食宿费；②停工留薪期内的工资福利待遇以及因生活不能自理产生的生活护理费；③因工伤残产生的一次性伤残补助金、伤残津贴以及一次性工伤医疗补助金和一次性伤残就业补助金；④因伤残而需要安装辅助器具的费用；⑤因工死亡产生的丧葬补助金、亲属供养抚恤金以及一次性工亡补助金。根据《最高人民法院关于审理人身损害赔偿案件适用法律若干问题的解释》（以下简称《人身损害赔偿解释》）的规定，人身损害赔偿的范围包括以下几点：①因就医治疗支出的各项费用以及因误工减少的收入，包括医疗费、误工费、护理费、交通费、住宿费、住院伙食补助费、必要的营养费；②因增加生活上需要所支出的必要费用以及因丧失劳动能力导致的收入损失，包括残疾赔偿金、残疾辅助器具费、被扶养人生活费，以及因康复护理、继续治疗实际发生的必要的康复费、护理费、后续治疗费；③受害人死亡的丧葬费、被扶养人生活费、死亡补偿费以及受害人亲属办理丧葬事宜支出的交通费、住宿费和误工损失等其他合理费用。

122. 第三人侵害的情况下，劳动者能否在享受工伤保险待遇的同时获得民事赔偿？

劳动者能够获得两种赔偿请求权的情况经常发生在因第三

人侵权造成工伤时，如劳动者在上下班途中发生交通事故，他既有权向侵权人请求人身损害赔偿，又有权向用人单位请求获得工伤保险待遇，但这两种权利能否同时行使是一个问题。理论上这种情况的解决办法有选择模式、替代模式、兼得模式和选择加补充模式，但实践中基本采取兼得模式的处理办法。根据《人身损害赔偿解释》第12条的规定："依法应当参加工伤保险统筹的用人单位的劳动者，因工伤事故遭受人身损害，劳动者或者其近亲属向人民法院起诉请求用人单位承担民事赔偿责任的，告知其按《工伤保险条例》的规定处理。因用人单位以外的第三人侵权造成劳动者人身损害，赔偿权利人请求第三人承担民事赔偿责任的，人民法院应予支持。"

但完全兼得的做法在长期实践中引发争议，最高人民法院也专门对此进行讨论并作出《关于对"统一第三人侵权工伤赔偿案件裁判标准"问题的答复》，最终在坚持兼得的原则上作了一定限制。《最高人民法院关于审理工伤保险行政案件若干问题的规定》第8条规定："职工因第三人的原因受到伤害，社会保险行政部门以职工或者其近亲属已经对第三人提起民事诉讼或者获得民事赔偿为由，作出不予受理工伤认定申请或者不予认定工伤决定的，人民法院不予支持。职工因第三人的原因受到伤害，社会保险行政部门已经作出工伤认定，职工或者其近亲属未对第三人提起民事诉讼或者尚未获得民事赔偿，起诉要求社会保险经办机构支付工伤保险待遇的，人民法院应予支持。职工因第三人的原因导致工伤，社会保险经办机构以职工或者其近亲属已经对第三人提起民事诉讼为由，拒绝支付工伤保险待遇的，人民法院不予支持，但第三人已经支付的医疗费用除外。”

因此，因第三人侵权而造成工伤时，劳动者有权在获得第三人人身损害赔偿的同时享受工伤保险待遇，只是第三人支付的医疗费用应当扣除。

123. 因第三人侵害造成工伤时，用人单位在支付工伤保险待遇后能否向第三人追偿？

情景再现

张某是货车司机，赵某是某服装厂的职工。某日，张某在服装厂仓库内装货时，货车撞到边上堆积的杂物导致顶层的杂物掉落并砸中正在值班的赵某，张某对此事故负全责。事后，赵某被当地劳动行政部门认定为工伤，经劳动能力鉴定委员会鉴定构成九级伤残。赵某拿着上述鉴定结果要求该服装厂支付工伤保险待遇。服装厂依法支付上述待遇后，以张某对该事故负全责为由向人民法院提起诉讼，要求张某偿还该厂因此事支出的全部费用，张某不服。该厂能否向张某追偿？

法律分析

本案属于因第三人侵权造成工伤引起的纠纷，其关键在于该厂在支付相应的工伤保险待遇后是否依法享有追偿的权利。根据《人身损害赔偿解释》第 12 条第 2 款的规定，因用人单位以外的第三人侵权造成劳动者人身损害，赔偿权利人请求第三人承担民事赔偿责任的，人民法院应予支持。而此处所称的赔偿权利人是指因侵权行为或者其他致害原因直接遭受人身损害的受害人、依法由受害人承担扶养义务的被扶养人以及死亡受害人的近亲属。这也就是说，法律只规定了工伤职工可以要求或者第三人赔偿人身损害或者享受工伤保险待遇或者同时行使前两种权利，但没有规定用人单位在没有过错的情况下可以向该第三人追偿已经支付的工伤保险待遇。因此，本案该服装厂无权请求张某承担民事赔偿责任。

第二节　工伤保险待遇基础知识

124. 工伤赔偿项目金额如何计算？

工伤职工最终所能领取到的工伤赔偿金并没有一个固定的数额，必须要结合所在地区的经济发展水平加以确定。不过，各地区在计算时主要列入考量的项目是相同的。

（1）医疗费 = 诊疗费用 + 药品费用 + 住院服务费用（上述费用必须符合工伤保险诊疗项目目录、工伤保险药品目录以及工伤保险住院服务标准）

（2）住院伙食补助费 = 职工所在单位因公出差伙食补助标准 ×70%× 人数 × 天数

（3）统筹地区外就医的交通、食宿费 = 交通费 + 住宿费 + 伙食费

（4）辅助器具费 = 普通适用器具的合理费用 × 器具数量（《工伤保险条例》并未明文规定，但可参照《人身损害赔偿解释》的标准）

（5）生活护理费：

①生活完全不能自理的 = 统筹地区上年度职工月平均工资 ×50%

②生活大部分不能自理的 = 统筹地区上年度职工月平均工资 ×40%

③生活部分不能自理的 = 统筹地区上年度职工月平均工资 ×30%

（6）一次性伤残补助金 = 本人工资 × 对应月数（对应月数是指职工评定的伤残等级所对应的月数，一级至四级伤残分别对应 27、25、23、21 个月，五级至六级伤残分别对应 18、16 个月，七级至十级伤残分别对应 13、11、9、7 个月）

（7）伤残津贴 = 本人工资 × 对应百分比（对应百分比是指职工评定的伤残等级所对应的百分比，一级伤残对应 90%，此后逐级递减 5%。其中，五级至六级的伤残津贴只有在用人单位难以安排工伤职工工作的情况下按月发放；一级至六级的伤残津贴实际金额低于当地最低工资标准的，由工伤保险基金补足差额；七级至十级不发放伤残津贴）

（8）一次性伤残就业补助金和一次性工伤医疗补助金的费用根据各省、自治区、直辖市的规定计算（该类补助金只针对七级至十级伤残的职工，且在劳动、聘用合同期满终止，或者职工本人提出解除劳动、聘用合同的情况下发放）

（9）丧葬补助金 = 统筹地区上年度月平均工资 ×6 个月

（10）供养亲属抚恤金 = 各亲属抚恤金之和，但不应高于因工死亡职工生前的工资

①配偶 = 工亡职工生前本人工资 ×40%

②其他亲属 = 工亡职工生前本人工资 ×30%

③孤寡老人或者孤儿每人每月在上述标准的基础上增加 10%

（11）一次性工亡补助金 = 上一年度全国城镇居民人均可支配收入 ×20（该数据根据每年国家统计局公布的最新数据计算，一次性工亡补助金全国统一，同命同价）

上述计算标准中的职工本人工资是指工伤职工因工作遭受事故伤害或患职业病前 12 个月平均月工资。本人工资高于统筹地区职工平均工资 300% 的，按照统筹地区职工平均工资的 300% 计算；本人工资低于统筹地区职工平均工资 60% 的，按照统筹地区职工平均工资的 60% 计算。

125. 非法用工人员能否享受工伤保险待遇？

虽然我国劳动法规在用工资格上的规定十分宽泛，具备用工资格的主体也呈现出多样化的样态，但是仍旧有部分主体并不具备合法的用工资格，在这些单位就业的员工因工遭受人身伤害后的权益应当如何得到保护？

非法用工人员没有办法寻求工伤认定，但这并不代表他们的权益在劳动法领域完全空白，《工伤保险条例》第66条第1款即规定："无营业执照或者未经依法登记、备案的单位以及被依法吊销营业执照或者撤销登记、备案的单位的职工受到事故伤害或者患职业病的，由该单位向伤残职工或者死亡职工的近亲属给予一次性赔偿，赔偿标准不得低于本条例规定的工伤保险待遇；用人单位不得使用童工，用人单位使用童工造成童工伤残、死亡的，由该单位向童工或者童工的近亲属给予一次性赔偿，赔偿标准不得低于本条例规定的工伤保险待遇。具体办法由国务院社会保险行政部门规定。"根据上述精神，一次性赔偿金数额在实践中往往依照《非法用工单位伤亡人员一次性赔偿办法》加以确定，主要考量因素为赔偿基数（单位所在工伤保险统筹地区上一年度职工年平均工资）及伤残等级（十级），具体计算方法为：一级伤残的为赔偿基数的16倍，二级伤残的为赔偿基数的14倍，三级伤残的为赔偿基数的12倍，四级伤残的为赔偿基数的10倍，五级伤残的为赔偿基数的8倍，六级伤残的为赔偿基数的6倍，七级伤残的为赔偿基数的4倍，八级伤残的为赔偿基数的3倍，九级伤残的为赔偿基数的2倍，十级伤残的为赔偿基数的1倍。

一次性赔偿金需要在劳动能力鉴定之后才能明确，在此之

前因治疗而生的医药费、护理费、伙食补助费以及所需的交通费等一律按《工伤保险条例》规定的标准和范围确定，并全部由所在单位支付。这样一来，即便是非法用工者的劳动权益也能够得到较好的保护。

126. 在工伤发生后，职工可以同时获得工伤保险和医疗保险的报销吗？

情景再现

赵某任职于某汽车企业，担任某车间的技术员，该汽车企业依法为赵某全额缴纳了社会保险。某天，赵某在车间工作时因车床故障而导致手臂受伤，在工友的帮助下及时送往附近医院救治，医药费由赵某先行垫付。事后，经劳动能力鉴定委员会鉴定，赵某构成四级伤残。此时赵某拿着医药费发票想要同时得到工伤保险和医疗保险的报销，但遭到了社会保险机构的拒绝。赵某是否有权获得双重报销？

法律分析

本案中，赵某的行为本质上属于投机行为，其希望通过工伤保险和基本医疗保险同时报销一份工伤医疗费用来获得额外利益。而社会保险设立的目的是保障劳动者的合法权益，使得劳动者在生病、受工伤时能够得到基本的救治以及补偿，减轻劳动者就医的负担，促进劳动者的身体恢复健康。虽然它也要求盈利，但其具有一定程度的公益性，保障的是劳动者的基本生活需求。它不应该也不能够被任何人用来投机，从中获取利益。立法者在制定相关法律、法规时也不会给这样的行为留下存在的余地。《社会保险法》第30条规定，应当由工伤保险基金支付的费用不纳入医疗保险基金的支付范围。即使是在特殊情况下，应当由基本医疗保险基金或工伤保险基金先行支付的，法律也规定在当事人已经从第三人或者用人单位处获得医疗费用、工伤医疗费用或者工伤保险待遇时，当事人应当主动将先行支付金额中应当由第三人承担的部分或者工伤保险基金先行支付的工伤保险待遇退还给基本医疗保险基金或者工伤保险基金。个人拒不退还的，社会保险经办机构可以从以后支付的相关待遇中扣减其应当退还的数额，或者向人民法院提起诉讼。因此，本案中赵某只能要求获得工伤保险待遇，而不能同时通过医疗保险报销工伤医药费。

127. 什么是一次性赔偿？

一次性赔偿指的是在不具备用人资格的单位中工作的人因

工而受伤、罹患职业病或死亡时，由非法用工单位向职工或职工的直系亲属一次性支付的经济赔偿。一次性赔偿包括受到事故伤害或患职业病的职工或童工在治疗期间的费用和一次性赔偿金，具体数额应当在受到事故伤害或患职业病的职工或童工死亡或者经劳动能力鉴定后确定。治疗期间的费用按照《工伤保险条例》规定的标准和范围，全部由伤残职工或童工所在单位支付。

128. 一次性伤亡赔偿金包括哪些项目？

一次性赔偿金包括受到事故伤害或者患职业病的职工或童工在治疗期间的费用和一次性赔偿金。一次性赔偿金数额应当在受到事故伤害或者患职业病的职工或童工死亡或者经劳动能力鉴定后确定。劳动能力鉴定按照属地原则由单位所在地设区的市级劳动能力鉴定委员会办理。劳动能力鉴定费用由伤亡职工或童工所在单位支付。

职工或童工受到事故伤害或者患职业病，在劳动能力鉴定之前进行治疗期间的生活费按照统筹地区上一年度职工月平均工资标准确定，医疗费、护理费、住院期间的伙食补助费以及所需的交通费等费用按照《工伤保险条例》规定的标准和范围确定，并全部由伤残职工或童工所在单位支付。

129. 非法用工单位拒不支付一次性伤亡赔偿金的怎么办?

不具备用人资质的单位，在发生伤亡事故后，拒不向伤者支付一次性伤亡赔偿金的，《非法用工单位伤亡人员一次性赔偿办法》第7条规定："单位拒不支付一次性赔偿的，伤残职工或者死亡职工的近亲属、伤残童工或者死亡童工的近亲属可以向人力资源和社会保障行政部门举报。经查证属实的，人力资源和社会保障行政部门应当责令该单位限期改正。"伤残职工或者死亡职工的近亲属、伤残童工或者死亡童工的近亲属就赔偿数额与单位发生争议的，按照劳动争议处理的有关规定处理。

130. 因工死亡的职工近亲属可以享受什么样的待遇?

因工死亡可以分为两种类型：一是在职因工死亡；二是非在职因工死亡，它指的是伤残职工在停工留薪期内因工伤导致死亡的情形。一般而言，因工死亡职工的近亲属可以享受丧葬补助金、供养亲属抚恤金、一次性工亡补助金等待遇。

（1）丧葬补助金。丧葬补助金主要用于死亡职工遗体火化及安葬工作，一般补助标准为6个月上一年度统筹地区职工平均工资。

（2）供养亲属抚恤金。绝大多数死亡职工在生前都是家中的主要经济支柱，承担着养育子女、照顾老人的重任，不幸罹遭大难，家人在承受思念过世亲属巨大精神悲痛的同时，丧失了重要的经济来源。供养亲属抚恤金正是为了能够在职工因工死亡后适当对其家庭予以补助，缓解因经济问题可能带来的生活压力，发放标准为配偶每月 40%，其他亲属每人每月 30%，孤寡老人或者孤儿每人每月在上述标准的基础上增加 10%，但核定的各供养亲属的抚恤金之和不应高于因工死亡职工生前的工资。

（3）一次性工亡补助金。一次性工亡补助金是指在职工因工死亡的情况下，按照规定的标准，从工伤保险基金中对其直系亲属支付的一次性赔偿。职工的死亡使其亲属丧失重要的生活来源，导致其生活水平下降，这是工伤事故的后果之一，因此应当予以赔偿。一次性工亡补助金的发放标准为上一年度全国城镇居民人均可支配收入的 20 倍。

需要注意的是，一级至四级伤残职工在停工留薪期满后死亡的，其近亲属可以享受丧葬补助金及供养亲属抚恤金，但是不能享受一次性工亡补助金。

131. 发生工伤时，职工是否有权提出精神损害赔偿？

工伤保险除了保障劳动者在发生工伤时能够得到及时的救

治和赔偿，还能够分散用人单位的工伤风险，减轻用人单位的责任。在现行工伤保险制度中，用人单位本身就承担了较重的义务，包括按照规定费率全额缴纳工伤保险费用、支付工伤职工在停工留薪期内的工资以及根据不同的伤残等级支付相应的一次性伤残就业补助金等。在上述情况下，法律如果还给予劳动者双重赔付的权利，即法律规定劳动者有权在得到工伤保险待遇的同时对用人单位提起民事诉讼请求精神损害赔偿，对用人单位来说极不合理。因此在一般情况下，工伤职工及其家属在已经享受工伤保险待遇时，便不再有权向用人单位请求精神损害赔偿。但是法律另有规定的，从其规定。目前针对上述情形的例外主要有以下两种：（1）《安全生产法》第 53 条规定："因生产安全事故受到损害的从业人员，除依法享有工伤保险外，依照有关民事法律尚有获得赔偿的权利的，有权向本单位提出赔偿要求。"（2）《职业病防治法》第 58 条规定："职业病病人除依法享有工伤保险外，依照有关民事法律，尚有获得赔偿的权利的，有权向用人单位提出赔偿要求。"

132. 工伤保险待遇是否一成不变？

工伤保险待遇的标准并非一成不变，随着社会经济的发展、物价的上涨、人民生活水平的提高，工伤保险待遇中的一些计

算标准和基数都会作出相应的变化。《工伤保险条例》第40条明文规定，伤残津贴、供养亲属抚恤金、生活护理费由统筹地区社会保险行政部门根据职工平均工资和生活费用变化等情况适时调整。根据上述要求，人力资源和社会保障部专门制定了《关于工伤保险待遇调整和确定机制的指导意见》(以下简称《指导意见》)。《指导意见》指出，工伤保险待遇调整和确定要与经济发展水平相适应，综合考虑职工工资增长、居民消费价格指数变化、工伤保险基金支付能力、相关社会保障待遇调整情况等因素，兼顾不同地区待遇差别，按照基金省级统筹要求，适度、稳步提升，实现待遇平衡。原则上每两年至少调整一次。

133. 工伤保险待遇应当如何调整？

调整的主要内容有以下几点：

（1）伤残津贴的调整。伤残津贴是对因工致残而退出工作岗位的工伤职工工资收入损失的合理补偿。一级至四级伤残津贴调整以上一年度省（区、市）的一级至四级工伤职工月人均伤残津贴为基数，综合考虑职工平均工资增长和居民消费价格指数变化情况，侧重职工平均工资增长因素，兼顾工伤保险基金支付能力和相关社会保障待遇调整情况，综合进行调节。伤残津贴调整可以采取定额调整和适当倾斜的办法，对伤残程度高、伤残津贴低于平均水平的工伤职工予以适当倾斜。五级、六级工伤职工的伤残津贴按照《工伤保险条例》的规定执行。

（2）供养亲属抚恤金的调整。供养亲属抚恤金是工亡职工供养亲属基本生活的合理保障。供养亲属抚恤金调整以上一年度省（区、市）的月人均供养亲属抚恤金为基数，综合考虑职工平均工资增长和居民消费价格指数变化情况，侧重居民消费价格指数变化，兼顾工伤保险基金支付能力和相关社会保障待遇调整情况，综合进行调节。供养亲属抚恤金调整采取定额调整的办法。

（3）生活护理费的调整。生活护理费根据《工伤保险条例》和《劳动能力鉴定　职工工伤与职业病致残等级》（GB/T 16180—2014）的相关规定进行计发，按照上一年度省（区、市）的职工平均工资增长比例同步调整。职工平均工资下降时不调整。

（4）住院伙食补助费的确定。省（区、市）参考当地城镇居民消费支出结构，科学确定工伤职工住院伙食补助费标准。住院伙食补助费原则上不超过上一年度省（区、市）城镇居民日人均消费支出额的40%。

（5）其他待遇。一次性伤残补助金、一次性工亡补助金、丧葬补助金按照《工伤保险条例》规定的计发标准计发。工伤医疗费、辅助器具配置费、工伤康复和统筹地区以外就医期间的交通、食宿费用等待遇，根据《工伤保险条例》和相关目录、标准据实支付。一次性伤残就业补助金和一次性工伤医疗补助金，由省（区、市）综合考虑工伤职工伤残程度、伤病类别、年龄等因素制定标准，注重引导和促进工伤职工稳定就业。

134. 工伤复发后职工能否再享受工伤保险待遇？

工伤复发是指工伤职工经过治疗，伤势或病情逐渐稳定之后，其受伤部位出现与导致工伤的原因有关的活动病灶和明显客观体征或并发症的情形。根据《工伤保险条例》第 38 条的规定，工伤职工工伤复发的，确认需要治疗的，则享受相应的工伤保险待遇。工伤复发与否以及产生的症状是否由工伤导致，这些均不能凭职工主观判断，还需要经过工伤复发认定以及劳动能力鉴定等与工伤认定相同的程序。职工经确认属于工伤复发需要治疗的，则根据《工伤保险条例》的规定享受以下待遇（除以下所列待遇之外，职工不再享受其他包括一次性工伤医疗补助金和一次性伤残就业补助金等在内的工伤保险待遇）。

（1）工伤医疗救治。员工治疗复发工伤应当在签订服务协议的医疗机构就医，情况紧急时可以先到就近的医疗机构急救。治疗复发工伤所需费用符合工伤保险诊疗项目目录、工伤保险药品目录、工伤保险住院服务标准的，从工伤保险基金支付。

（2）住院伙食补助费。工伤复发职工住院治疗工伤的伙食补助费由工伤保险基金支付。

（3）跨统筹地区就医的交通、食宿费。经医疗机构出具证明，报经办机构同意，工伤复发职工到统筹地区以外就医所需的交通、食宿费用从工伤保险基金支付，基金支付的具体标准由统筹地区人民政府规定。

（4）工伤康复待遇。工伤复发职工到签订服务协议的医疗机构进行工伤康复的费用，符合规定的，从工伤保险基金支付。

（5）安装辅助器具待遇。工伤复发职工因日常生活或者就业需要，经劳动能力鉴定委员会确认，可以安装假肢、矫形器、假眼、假牙和配置轮椅等辅助器具，所需费用按照国家规定的标准从工伤保险基金支付。

（6）停工留薪期待遇。职工因工伤复发需要暂停工作接受工伤医疗的，在停工留薪期内，原工资福利待遇不变，由所在单位按月支付。停工留薪期一般不超过 12 个月。伤情严重或者情况特殊，经设区的市级劳动能力鉴定委员会确认，可以适当延长，但延长不得超过 12 个月。工伤职工评定伤残等级后，停发原待遇，按照《工伤保险条例》第五章的有关规定享受伤残待遇。工伤复发职工在停工留薪期满后仍需治疗的，继续享受工伤医疗待遇。生活不能自理的工伤复发职工在停工留薪期需要护理的，由所在单位负责。

135. 建筑业职工应当如何参加工伤保险并享受工伤保险待遇?

改革开放以来，我国建筑业蓬勃发展，建筑业职工队伍不断发展壮大，为经济社会发展和人民安居乐业做出了重大贡献。建筑业属于工伤风险较高的行业，又是农民工集中的行业。实践中经常发生农民工因工伤得不到及时救治而残疾甚至死亡，或者因高额医疗费用而陷入困境，建筑公司则在支付一小笔赔偿金后置身事外的情况。虽然相关政府部门对建筑工程的安全督查力度有所加大，但如果不能让这些工人受到工伤保险待遇的保护就始终不能彻底解决问题。为此，2014 年人力资源和社会保障部联合住房和城乡建设部、原国家安全生产监督管理总局、全国总工会一起发布了《关于进一步做好建筑业工伤保险工作的意见》(以下简称《意见》)，将工伤保险覆盖到建筑业工人上，为解决建筑业工人维权能力弱、伤残待遇落实困难的问题打下了坚实基础。根据《意见》的内容，建筑业工人参加工伤保险的方式以及工伤保险的计费标准、支付办法分为几种情况。

（1）许可限制，分类缴纳。建筑施工企业应依法参加工伤保险。针对建筑行业的特点，建筑施工企业对相对固定的职工，应按用人单位参加工伤保险；对不能按用人单位参保、建筑项目使用的建筑业职工特别是农民工，按项目参加工伤保险。房屋建筑和市政基础设施工程实行以建设项目为单位参加工伤保险的，可在各项社会保险中优先办理参加工伤保险手续。建设单位在办理施工许可手续时，应当提交建设项目工伤保险参保证明，作为保证工程安全施工的具体措施之一。安全施工措施未落实的项目，各地住房城乡建设主管部门不予核发施工许可证。

（2）分类计费，费率浮动。按用人单位参保的建筑施工企业，应以工资总额为基数依法缴纳工伤保险费；以建设项目为单位参保的，可以按照项目工程总造价的一定比例计算缴纳工伤保险费。关于费率的确定，各地方政府部门可以充分运用工伤保险浮动费率机制，根据各建筑企业工伤事故发生率、工伤保险基金使用等情况适时适当调整费率，促进企业加强安全生产，预防和减少工伤事故。

（3）分类支付，以人为本。对认定为工伤的建筑业职工，各级社会保险经办机构和用人单位应依法按时足额支付各项工伤保险待遇。针对不同的情况采取不同的支付方式，主要有以下几种：①对在参保项目施工期间发生工伤、项目竣工时尚未完成工伤认定或劳动能力鉴定的建筑业职工，其所在用人单位要继续保证其医疗救治和停工期间的法定待遇，待完成工伤认定及劳动能力鉴定后，依法享受参保职工的各项工伤保险待遇；②应由用人单位支付的待遇，工伤职工所在用人单位要按时足额支

付，也可根据其意愿一次性支付；③针对建筑业工资收入分配的特点，对相关工伤保险待遇中难以按本人工资作为计发基数的，可以参照统筹地区上一年度职工平均工资作为计发基数。

136. 哪些行为属于骗取工伤保险的行为？

随着国家社会保障体制的完善，社会保障待遇逐步提高，骗取社会保险的行为也越来越多，其中工伤保险诈骗的情况较为严重。社会保障体制的建立是为了帮助弱者，而骗取社会保险的行为不仅占用社保资源，还对国家的社会保障体制造成冲击。为此，全国人大常委会和国务院各部门相继出台规定对此行为进行整治。实践中骗取社会保险的行为主要有以下几种：（1）虚构劳动关系或者提供虚假证明材料，骗取社会保险参保资格的；（2）隐瞒、编造病史，伪造、变造、非法更改个人身份证明及档案材料以及其他虚构社会保险待遇条件，骗取社会保险待遇资格的；（3）享受社会保险待遇条件发生变更或者丧失享受社会保险待遇资格，未如实告知社会保险经办机构，继续享受社会保险待遇的；（4）伪造或者冒用他人社会保险证件或者支付凭证的；（5）将本人社会保险证件或者支付凭证交给他人，供其骗取社会保险待遇的；（6）虚列、虚报、虚增社会保险服务项目和金额，骗取社会保险基金支出的；（7）虚构劳动关系或者提供虚假证明材料或者鉴定意见，为他人骗取社会保险参保资格或者享受社会保险待遇资格提供帮助的；（8）骗取社会保险基金的其他行为。

137. 用人单位、职工或其亲属骗取工伤保险待遇的，应当承担什么法律责任？

对于上述所列骗取社会保险的行为，社会保险机构会根据行为程度不同而采取不同的处理办法。根据《工伤保险条例》第 60 条的规定，用人单位、工伤职工或者其近亲属骗取工伤保险待遇，医疗机构、辅助器具配置机构骗取工伤保险基金支出的，由社会保险行政部门责令退还，处骗取金额 2 倍以上 5 倍以下的罚款；情节严重，构成犯罪的，由司法部门依法追究刑事责任。至于骗取社会保险的行为应当以什么罪名定罪量刑，全国人大常委会专门作出《关于〈中华人民共和国刑法〉第二百六十六条的解释》予以说明。该解释规定，以欺诈、伪造证明材料或者其他手段骗取养老、医疗、工伤、失业、生育等社会保险金或者其他社会保障待遇的，属于《刑法》第 266 条规定的诈骗公私财物的行为。也就是说，用人单位、职工及其亲属骗取工伤保险待遇的行为如果符合诈骗罪的构成要件，则按照诈骗罪定罪处罚。

138. 员工要求用人单位补缴工伤保险，人民法院是否应当受理？

用人单位补缴社会保险的情况主要可以分为以下三种：（1）用人单位未替劳动者办理社会保险手续（即应当参加社会保险而未参加的）；（2）用人单位已经为劳动者办理社会保险手续，但因各种原因欠缴社会保险费用；（3）用人单位已经为劳动者办理社会保险手续，但实际缴纳的社会保险费用少于依法应当缴纳的部分。根据上述不同的情况，人民法院对当事人的申请会作出不同的处理结果。对于第一种情况，根据最高人民法院颁布的《关于审理劳动争议案件适用法律若干问题的解释（三）》第1条的规定，劳动者以用人单位未为其办理社会保险手续，且社会保险经办机构不能补办导致其无法享受社会保险待遇为由，要求用人单位赔偿损失而发生争议的，人民法院应予受理。对于上述第（2）（3）两种情况，人民法院则不予受理，可以建议当事人向当地的社会保险机构申请。除上述解释外，最高人民法院对此问题还发布过《关于王某与某公司劳动争议纠纷申请再审一案适用法律问题的答复》，其中指出“征缴社会保险费属于社会保险费征缴部门的法定职责，不属于人民法院受理民事案件的范围。另，建议你院可结合本案向有关社会保险费征缴部门发出司法建议，建议其针对当前用人单位与劳动者之间因社会保险引发争议所涉及的保险费征缴问题，加强调查研究，妥善处理类似问题，依法保护有关当事人的合法权益”。

之所以区分情况处理，是因为人民法院要区分社会保险机构的行政管理职能和法院的司法职能。根据《社会保险费征缴暂行条例》和《社会保险法》的规定，我国社会保险从办理登记、缴费、发放社保费用到监督检查等均明确规定由社会保险行政部门负责和管理。当用人单位在已经为职工办理社会保险手续的情况下少缴或者欠缴部分社会保险费用时，社会保险机构可以依法强制征缴。由此可见，在用人单位少缴或欠缴时，完全可以由社会保险机构通过行政手段调整。如果人为地用司法权强行介入和干预社保费用的征缴，不仅不利于日益完善的社会保险功能的正常运行，而且不利于合理划分司法权与行政权的职责，导致二者权限交叉、重叠混乱，最终不利于对劳动者合法权益的切实保护。因此，只有因那些未被《社会保险费征缴暂行条例》和《社会保险法》明确规定由社会保险管理部门负责处理的事项引发争议的，才可以纳入人民法院的受案范围。

139. 工伤职工停止享受工伤保险待遇的条件是什么？

工伤保险待遇的目的是保证工伤职工得到及时救治，尽量避免职工及其家属的生活水平因工伤而受到较大影响，同时尽快恢复职工的劳动能力使其重回工作岗位。因此，当职工有能力依靠自己独立生活时，则不应继续占用工伤保险基金的资源。同时，职工在享受工伤保险待遇的同时应当承担相应的义务，其义务主要包括依照法律规定进行工伤认定和劳动能力鉴定，如实报销工伤医疗费用、利用工伤保险待遇恢复身体健康并保障本人及家属的基本生活水平等。如果职工违反上述义务，则相应的工伤保险待遇也不再享有。具体而言，职工停止享受工伤保险待遇的情况主要有下三种。

（1）丧失享受待遇条件的。通常这种情况发生在职工享受工伤保险待遇时，其工伤治愈，或者职工家属因职工下落不明或宣告死亡而享受工伤保险待遇时，职工生还并撤销宣告。

（2）拒不接受劳动能力鉴定的。劳动能力鉴定是享受工伤保险待遇的前提，是法律规定的必要程序。职工发生工伤，经治疗伤情相对稳定后存在残疾、影响劳动能力的，应当进行劳动能力鉴定。劳动能力鉴定的目的是确定劳动功能障碍程度和生活自理障碍程度的等级，不同等级对应不同的工伤保险待遇的项目和标准。因此，劳动能力鉴定是工伤职工要享受工伤待遇的必经程序，是工伤职工应当履行的义务。如果职工拒不接受劳动能力鉴定，则会使得工伤保险待遇无法确定，自然其也不应享受工伤保险待遇。

（3）拒绝接受治疗的。国家给予职工工伤保险待遇的主要目的之一是保障工伤职工能够得到及时的救治，使得职工的劳动能力逐步恢复到正常水平，逐渐摆脱对社会救治的依赖。而职工一方面要享受工伤保险待遇，另一方面又拒绝接受治疗，这违背了工伤保险设立的目的。对该职工而言，不论国家是否给予其工伤保险待遇，其本人的健康状况并不能得到改善。因此，当工伤职工拒绝接受治疗时，则应当停止享受工伤保险待遇。

第三节　工伤医疗待遇

140. 什么是工伤医疗待遇？

工伤医疗待遇，又称为工伤医疗康复类待遇，是指职工发生工伤事故后，治疗工伤所需费用符合工伤保险诊疗项目目录、工伤保险药品目录、工伤保险住院服务标准的，从工伤保险基金支付。其主要包括以下五个内容：

（1）治疗工伤期间的医疗费用。包括治疗工伤所需的挂号费、医疗费、药费、住院费等费用和进行康复性治疗的费用。职工治疗工伤应当在签订服务协议的医疗机构就医，情况紧急时可以先到就近的医疗机构急救。治疗工伤所需费用符合工伤保险诊疗项目目录、工伤保险药品目录、工伤保险住院服务标准的，从工伤保险基金支付。工伤职工治疗非工伤引发的疾病，不享受工伤医疗待遇，按照基本医疗保险办法处理。

（2）住院期间的伙食费、去外地就医的交通费、食宿费。职工治疗工伤需要住院的，由工伤保险基金按照规定发给住院伙食补助费；经医疗机构出具证明，报经办机构同意，工伤职工到统筹地区以外就医的，所需交通、食宿费由工伤保险基金负担。职工住院治疗工伤的伙食补助费，从工伤保险基金支付，基金支付的具体标准由统筹地区人民政府规定。

（3）配备辅助器具的费用。工伤职工因日常生活或者就业需要，经劳动能力鉴定委员会确认，可以安装假肢、矫形器、假眼、假牙和配置轮椅等辅助器具，所需费用按照国家规定的标准从工伤保险基金支付。

（4）生活不能自理时的护理费用。工伤职工已经评定伤残等级并经劳动能力鉴定委员会确认需要生活护理的，从工伤保险基金按月支付生活护理费。生活护理费按照生活完全不能自理、生活大部分不能自理或者生活部分不能自理3个不同等级支付，其标准分别为统筹地区上一年度职工月平均工资的50%、40%和30%。

（5）劳动能力鉴定费用。劳动能力鉴定是职工配置辅助器具、享受生活护理费、延长停工留薪期、享受伤残待遇等的重要前提和必经程序，劳动能力鉴定费用经常会发生，为了尽量减轻工伤职工的负担，劳动能力鉴定费也由工伤保险基金来支付。

141. 什么是停工留薪期？

停工留薪期是现行《工伤保险条例》的新增概念，原先称作工伤医疗期，源自原劳动部颁布的《企业职工工伤保险试行办法》（该文件已废止）第 18 条第 1 款的规定：“职工因工负伤或者患职业病需要停止工作接受治疗的，实行工伤医疗期。”停工留薪期的概念与之相似，是指职工因工负伤或者患职业病停止工作接受治疗和领取工伤津贴的期限。

停工留薪期的待遇主要包括以下几点：（1）在停工留薪期内，工伤职工的原工资福利待遇不变，由所在单位按月支付，时间一般不超过 12 个月；（2）伤情严重或者情况特殊，经设区的市级劳动能力鉴定委员会确认，可以适当延长，但延长不得超过 12 个月；（3）工伤职工评定伤残等级后，停发原待遇，按照《工伤保险条例》的有关规定享受伤残待遇；（4）工伤职工在停工留薪期满后仍需治疗的，继续享受工伤医疗待遇；（5）生活不能自理的工伤职工在停工留薪期需要护理的，由所在单位负责。

142. 停工留薪期的确认程序是什么？

关于停工留薪期的确认程序，法律、行政法规均没有规定，但是各省、自治区、直辖市制定了相应的实施办法。在实践中，各省、自治区、直辖市的规定各不相同，但大体包括以下两种情况。

（1）根据医疗机构开具的诊断意见。例如，《上海市工伤保险实施办法》第 37 条第 2 款规定，“停工留薪期一般不超过 12 个月，具体期限根据定点医疗机构出具的伤病情诊断意见确定”。也就是说，劳动能力鉴定委员会判断停工留薪期长短的依据主要是医疗机构出具的伤势诊断证明或者病假单等。

（2）根据停工留薪期分类目录。比如，北京市以及江西省均制定了停工留薪期分类目录，目录中列举了各类疾病及对应的停工留薪期长度。在这种情况下，工伤职工应当及时将医疗机构出具的诊断证明等交给用人单位并申请停工留薪。用人单位根据该诊断证明并对照上述分类目录最终确定工伤职工的停工留薪期，结果以书面形式通知该职工。对于没有列入目录中的疾病又确实不能工作，需要治疗的，则以临床治愈或经治疗后相对稳定的时间作为停工留薪期，但一般情况下不得超过 6 个月。

143. 什么是医疗依赖和护理依赖?

医疗依赖指的是经过医疗期后的因病、因伤致残的职工仍然不能摆脱对药物的使用，恰如糖尿病患者始终离不开胰岛素、癫痫患者不能脱离抗痫剂等，医疗依赖对于评定伤残等级具有重要影响。《劳动能力鉴定　职工工伤与职业病致残等级》（GB/T 16180—2014）在总则中将医疗依赖区分为一般医疗依赖与特殊医疗依赖两种。一般医疗依赖指的是工伤致残后仍需接受长期或终身药物治疗；特殊医疗依赖指的是工伤致残后必须终身接受特殊药物、特殊医疗设备或装置进行治疗。

护理依赖指的是因伤、因病致残的职工无法恢复到伤残前正常的自理能力，日常生活需要他人的照顾。生活自理障碍主要包括：（1）完全不能自主进食，需依赖他人帮助；（2）不能自主翻身；（3）不能自主行动，排大小便需要他人帮助；（4）不能自己穿衣、洗漱，完全依赖他人帮助；（5）不能自主走动。按照对他人帮助在需求程度上的不同，护理依赖可以分为三级，（1）完全生活自理障碍：生活完全不能自理，上述五项均需护理；（2）大部分生活自理障碍：生活大部分不能自理，上述五项中三项或四项需要护理；（3）部分生活自理障碍：部分生活不能自理，上述五项中一项或两项需要护理。

第四节　伤残待遇

144. 职工被鉴定为伤残后可以享受什么样的待遇？

被劳动能力鉴定委员会认定伤残的职工不仅可以享受工伤医疗待遇，还可以享受工伤伤残待遇，主要包括一次性伤残补助金、伤残津贴；解除或终止劳动关系时，用人单位还应当向伤残职工支付一次性工伤医疗补助金和伤残就业补助金等。不同伤残等级的职工在伤残待遇上可以获得的经济补偿标准是不同的，《工伤保险条例》划分出一级至四级、五级至六级、七级至十级三个伤残待遇档次。各档次可以享受的待遇如下：

（1）一级到四级伤残的工伤保险待遇。职工因工致残被鉴定为一级至四级伤残的，保留劳动关系，退出工作岗位，享受以下待遇：①从工伤保险基金按伤残等级支付一次性伤残补助金，一级伤残为27个月的本人工资，二级伤残为25个月的本人工资，三级伤残为23个月的本人工资，四级伤残为21个月的本人工资。②从工伤保险基金按月支付伤残津贴，一级伤残为本人工资的90%，二级伤残为本人工资的85%，三级伤残为本人工资的80%，四级伤残为本人工资的75%。伤残津贴实际金额低于当地最低工资标准的，由工伤保险基金补足差额。③工伤职工达到退休年龄并办理退休手续后，停发伤残津贴，按照国家有关规定享受基本养老保险待遇。基本养老保险待遇低于伤残津贴的，由工伤保险基金补足差额。

职工因工致残被鉴定为一级至四级伤残的，由用人单位和职工个人以伤残津贴为基数，缴纳基本医疗保险费。

（2）五级到六级伤残的工伤保险待遇。职工因工致残被鉴定为五级、六级伤残的，享受以下待遇：①从工伤保险基金按伤残等级支付一次性伤残补助金，五级伤残为18个月的本人工资，六级伤残为16个月的本人工资。②保留与用人单位的劳动关系，由用人单位安排适当工作。难以安排工作的，由用人单位按月发给伤残津贴，五级伤残为本人工资的70%，六级伤残为本人工资的60%，并由用人单位按照规定为其缴纳应缴纳的各项社会保险费。伤残津贴实际金额低于当地最低工资标准的，由用人单位补足差额。

经工伤职工本人提出，该职工可以与用人单位解除或者终止劳动关系，由工伤保险基金支付一次性工伤医疗补助金，由用人单位支付一次性伤残就业补助金。一次性工伤医疗补助金和一次性伤残就业补助金的具体标准由省、自治区、直辖市人民政府规定。

（3）七级到八级伤残的工伤保险待遇。职工因工致残被鉴定为七级至十级伤残的，享受以下待遇：①从工伤保险基金按伤残等级支付一次性伤残补助金，七级伤残为13个月的本人工资，八级伤残为11个月的本人工资，九级伤残为9个月的本人工资，十级伤残为7个月的本人工资。②劳动、聘用合同期满终止，或者职工本人提出解除劳动、聘用合同的，由工伤保险基金支付一次性工伤医疗补助金，由用人单位支付一次性伤残就业补助金。一次性工伤医疗补助金和一次性伤残就业补助金的具体标准由省、自治区、直辖市人民政府规定。

145. 伤残等级的分级原则是什么？

根据《劳动能力鉴定　职工工伤与职业病致残等级》（GB/T 16180—2014）的规定，伤残等级共分为十级，定级原则如下：

（1）一级。器官缺失或功能完全丧失，其他器官不能代偿，存在特殊医疗依赖，或完全或大部分或部分生活自理障碍。

（2）二级。器官严重缺损或畸形，有严重功能障碍或并发症，存在特殊医疗依赖，或大部分或部分生活自理障碍。

（3）三级。器官严重缺损或畸形，有严重功能障碍或并发症，存在特殊医疗依赖，或部分生活自理障碍。

（4）四级。器官严重缺损或畸形，有严重功能障碍或并发症，存在特殊医疗依赖，或部分生活自理障碍或无生活自理障碍。

（5）五级。器官大部缺损或明显畸形，有较重功能障碍或并发症，存在一般医疗依赖，无生活自理障碍。

（6）六级。器官大部缺损或明显畸形，有中等功能障碍或并发症，存在一般医疗依赖，无生活自理障碍。

（7）七级。器官大部分缺损或畸形，有轻度功能障碍或并发症，存在一般医疗依赖，无生活自理障碍。

（8）八级。器官部分缺损，形态异常，轻度功能障碍，存在一般医疗依赖，无生活自理障碍。

（9）九级。器官部分缺损，形态异常，轻度功能障碍，无医疗依赖或者存在一般医疗依赖，无生活自理障碍。

（10）十级。器官部分缺损，形态异常，无功能障碍，无医疗依赖或者存在一般医疗依赖，无生活自理障碍。

146. 工伤职工的伤残等级发生变化时，应当如何支付工伤保险待遇？

工伤职工伤残等级发生变化主要有两种情况：第一种是工伤职工或其家属对初次鉴定结论不服，根据《工伤保险条例》第26条的规定，在收到该鉴定结论之日起15日内向省、自治区、直辖市劳动能力鉴定委员会提出再次鉴定申请，该再次鉴定结果（亦为最终鉴定结果）与初次鉴定结果不一致的；第二种是工伤职工或者其近亲属、所在单位或者经办机构在伤残鉴定结论作出之日起1年后认为伤残情况发生变化，根据《工伤保险条例》第28条的规定，申请劳动能力复查鉴定，该复查鉴定结果与之前的鉴定结果不一致的。这两种情况导致伤残鉴定等级发生变化的原因和时间均不一致，因此在工伤保险待遇的调整上也有区别。

一般而言，工伤职工再次鉴定，鉴定结论发生变化的，按照再次鉴定结论享受相应待遇，因为再次鉴定需要在收到初次鉴定结论之日起15日内提出，所以工伤职工享受工伤保险待遇的起始时间为初次鉴定时间的次月。职工经复查鉴定，复查鉴定等级高于原鉴定等级的，按照复查鉴定结论享受相应待遇。但有一次性伤残补助金的，关于一次性伤残补助金的数额不会变更，因为一次性伤残补助金是工伤人员负伤时肢体或生理受到损伤给予的补偿。比如，原鉴定结论是五级至十级伤残，复查鉴定结论是四级及以上伤残的，一次性伤残补助金不做调整，但职工可在复查鉴定结论次月起按月享受伤残津贴；原鉴定结论是一级至四级伤残，复查鉴定结论高于原鉴定结论的，则自复查鉴定结论作出之次月起调整伤残津贴。

第五节　抚恤金

147. 国家建立抚恤金制度有何意义？

我国已经建立起来的抚恤金制度覆盖相当大的范围，因工死亡申领抚恤金这种情形只是抚恤金制度中的一种，我国还规定有革命伤残军人抚恤费，革命军人牺牲、病故抚恤费，国家工作人员伤亡、病故抚恤金等。

因工死亡职工生前供养亲属符合相关规定的可以申领供养亲属抚恤金，用以优抚、救济死者家属，特别是用来优抚那些依靠死者生活的未成年和丧失劳动能力的亲属，它体现了国家对劳动者的物质帮助。一般说来，抚恤金不用纳税，不能算作夫妻共同财产加以分割，也不被视作遗产。

建立死亡抚恤金制度有着重要的意义与作用：（1）减轻死者家庭的经济负担和精神负担。劳动者在其辛勤工作的一生中，将其体力与智力贡献给社会，为国家的发展做出贡献，当其辞世后，国家有义务以金钱形式对其遗属予以一定的帮助，这能够缓解死亡职工遗属在精神上的痛苦，让他们感受到社会的温暖，激励他们发挥更高的劳动积极性。（2）解决劳动者的后顾之忧。如果劳动者能够较少地为他的后事忧虑，他们在生前就能更好地投入到生产工作中去，从而创造更多的财富。（3）有利于下一代的成长。抚恤金制度的一项重要功能就是为死者未成年子女提供物质帮助，尽最大可能减轻他们的生活压力，帮助他们完成学业，促使他们成为身心健康的人。

148. 哪些人可以申请供养亲属抚恤金？

为了明确因工死亡职工供养亲属范围，劳动和社会保障部于 2003 年 9 月通过《因工死亡职工供养亲属范围规定》，将供养亲属限定为职工的配偶、子女、父母、祖父母、外祖父母、孙子女、外孙子女、兄弟姐妹。子女包括婚生子女、非婚生子女、养子女和有抚养关系的继子女，其中，婚生子女、非婚生子女包括遗腹子女；父母包括生父母、养父母和有抚养关系的继父母；兄弟姐妹包括同父同母的兄弟姐妹、同父异母或者同母异父的兄弟姐妹、养兄弟姐妹、有抚养关系的继兄弟姐妹。

这只是对供养亲属作了范围上的规定，在具体的申领资格上，上述人员必须符合一定的条件，其中最为核心的是必须依靠因工死亡职工生前提供主要生活来源，同时具有下列情形之一的，可按规定申请供养亲属抚恤金：（1）完全丧失劳动能力的；（2）工亡职工配偶男年满60周岁、女年满55周岁的；（3）工亡职工父母男年满60周岁、女年满55周岁的；（4）工亡职工子女未满18周岁的；（5）工亡职工父母均已死亡，其祖父、外祖父年满60周岁，祖母、外祖母年满55周岁的；（6）工亡职工子女已经死亡或完全丧失劳动能力，其孙子女、外孙子女未满18周岁的；（7）工亡职工父母均已死亡或完全丧失劳动能力，其兄弟姐妹未满18周岁的。

149. 工亡职工配偶再婚的，其随生存配偶生活的子女是否停止享受抚恤金待遇？

情景再现

王某是某建筑公司的职工，该建筑公司与其签订了劳动合同并依法缴纳了工伤保险。某日，王某在工地视察时，不幸被高空坠落的砖块砸中，经抢救无效死亡。事后，该建筑公司依法为王某办理了工伤认定，申请了工伤保险待遇并给予其完全丧失劳动能力的配偶张某和刚满10周岁的儿子王某某以一定的赔偿。两年后，张某带着王某某改嫁，工伤保险机构负责人告知张某因其再婚而不再发放她和王某某的供养亲属抚恤金。张某不服，向人民法院起诉。张某和其子王某某能否继续享受供养亲属抚恤金？

法律分析

本案中，虽然张某因为再婚不能继续享受抚恤金待遇，但是其子王某某因仍未成年，所以还能继续享受抚恤金待遇。本案的关键有两点：第一，张某再婚是否会导致其停止享受供养亲属抚恤金；第二，张某的再婚是否会影响其未成年的儿子继续享受供养亲属抚恤金。

供养亲属抚恤金的设置主要是为了照顾那些以工亡职工生前工资为主要生活来源的、无劳动能力的工亡职工亲属，适用的范围包括职工的配偶、子女、父母、祖父母、外祖父母、孙子女、外孙子女、兄弟姐妹。其中，配偶和子女的享受条件主要有以下三点：（1）依靠因工死亡职工生前提供主要生活来源。（2）工亡职工配偶男年满 60 周岁、女年满 55 周岁的；工亡职工子女未满 18 周岁的。（3）工亡职工的配偶或子女完全丧失劳动能力的不受上述年龄限制。相应地，根据《因工死亡职工供养亲属范围规定》第 4 条的规定，领取抚恤金人员有下列情形之一的，停止享受抚恤金待遇：（1）年满 18 周岁且未完全丧失劳动能力的；（2）就业或参军的；（3）工亡职工配偶再婚的；（4）被他人或组织收养的；（5）死亡的。但该条所指的“停止享受”只能对个人

而言，如果工伤职工的子女满足条件的，则子女停止享受抚恤金待遇；如果工伤职工的配偶满足条件的，则配偶停止享受抚恤金待遇。换句话说，领取抚恤金人员中的一人是否满足停止条件并不影响其他领取抚恤金的人员继续享受抚恤金待遇。

150. 工亡职工亲属被判刑的，其供养亲属抚恤金是否停止发放？

情景再现

王某就职于某建筑公司，其与建筑公司签订了两年期的劳动合同，该建筑公司依法为其缴纳了社会保险。某日，王某在工地视察时因意外事故造成脑部受伤，经抢救无效死亡。王某之子王某某17岁时因寻衅滋事罪被判刑但未收监。后来，王某某向社保机构申领供养亲属抚恤金时被告知因其被判刑而不符合申领条件。王某某不服，向人民法院提起诉讼。王某某能否申领工亡抚恤金？

法律分析

判断一个人能否享受抚恤金待遇，主要是看以下两点：第一，该人是否符合申领供养亲属抚恤金的条件；第二，该人是否存在停止享受供养亲属抚恤金的情况。如果满足前者且不存在后者的情况，那么该人就能够依法申领供养亲属抚恤金。根据《因工死亡职工供养亲属范围规定》第3条，工亡职工的子女享受抚恤金待遇需要满足以下条件：（1）依靠因工死亡职工生前提供主要生活来源；（2）子女未满18周岁或子女已满18周岁但完全丧失劳动能力。对于上述申领条件王某某完全符合，有疑问的是王某某因寻衅滋事罪被判刑是否会导致其不能享受抚恤金待遇。根据《因公死亡职工供养亲属范围规定》第5条的规定，领取供养亲属抚恤金的人员，在被判刑收监执行期间，停止享受抚恤金待遇。刑满释放仍符合领取抚恤金资格的，按规定的标准享受抚恤金待遇。也就是说，只有在当事人被判刑并收监的情况下，才会停发供养亲属抚恤金。而本案中王某某只是因寻衅滋事罪被判刑但未被收监，因此仍旧能够享受抚恤金待遇。

第六节　实践中常见工伤保险待遇认定与处理情形

151. 试用期内的劳动者能够享受工伤待遇吗？

情景再现

小华与用人单位签订了时长一年的劳动合同，合同中约定第一个月为实习期，即将实习届满的小华被公司派往外地出差，途中不幸遭遇车祸。小华认为公司应当为自己的伤情承担工伤赔偿，但公司认为小华现在只处于实习阶段，并不能够享受正式员工所有的福利待遇。公司和小华的说法哪个更有道理？

法律分析

即便处于实习期内，小华也能够享受工伤保险待遇。用人单位在招收新员工时可以约定一段时间的试用期，试用期的目的在于增进劳动者与用人单位的相互了解。相较于正式职工，试用期内的职工收入相对较低。为了防止用人单位滥用相关规定，《劳动合同法》第19条对试用期作了时长规定。试用期只是劳动合同的一个部分，它是包含在劳动合同内的，试用期本身并不能够单独存在。而一旦劳资双方订立合同，就代表在他们之间正式形成劳动法律关系，试用期内的职工也是单位的一员，理应享有法律规定的各项权利，这不仅包括休息休假的权利、获得劳动报酬的权利、接受职业技能培训的权利，也包括享受工伤保险待遇的权利。

152. 非全日制用工能否享受工伤待遇？

情景再现

正在读大学的小鲁在某餐饮店打零工，他并未与餐饮店签订劳动合同，只是口头约定工作内容为派送外卖，工作时间随小鲁自定，报酬按小时当日结算。某晚正在派送外卖的小鲁不幸被高空坠物砸伤，餐饮店以小鲁只是一名小时工并非正式员工为由，拒绝承认小鲁受的伤为工伤。像小鲁这样的小时工能否享受正式员工的工伤待遇呢？

法律分析

社会经济的发展必然会促进用工形式多元化，小时工、劳务

派遣工等新型劳资关系也进入人们的视野，这在一定程度上适应了现代市场的需求。由于小时工具有极强的流动性与不稳定性，客观上很难在劳动者与用人单位间形成正式的劳动合同，但这并不代表小时工与用人单位没有任何瓜葛，小时工在本单位履行劳动义务，领取劳动报酬，这一事实也为用人单位所接受，在二者间已然形成事实上的劳动关系。事实上的劳动关系和正式劳动关系一样受到我国法律的保护，小时工也有享受工伤待遇的资格。

本案中，小鲁的工作场所具有极强的流动性，他所抵达的区域即可视作工作场所，在派送外卖中受到的伤害应当视作在工作时间、工作地点、因工作原因而受到的伤害，小鲁符合《工伤保险条例》有关工伤情形的规定，因此单位的辩解不能成立。如果单位选择拒不承认，小鲁可以向劳动部门提请仲裁，如果对仲裁结果不满意，还可以向法院提起诉讼。

153. 已届退休年龄的劳动者能否享受工伤待遇？

在认定劳动者主体资格上，年龄构成了重要的衡量因素。一般认为，未满 16 周岁和已达退休年龄的人都不具备劳动法规上要求的年龄条件，不能被认定为劳动者，因此不能享有工伤待遇。但这仅是一般规定，根据最高人民法院的主流观点，退休人员在以下两种特殊情况下也可视为劳动者，享有工伤保险待遇。

（1）缴费年龄不足，不能享受养老保险待遇。《社会养老保险条例》第26条在养老金的发放上除限制年龄外，还要求缴费时限：1998年7月1日后参加养老保险，缴费年限累计满15年；1998年6月30日前参加养老保险，缴费年限累计满10年。不符合上述规定的已届退休年龄的被保险人不得按月领取基本养老金。

（2）已达退休年龄，尚未办理完成退休手续。并不是说劳动者一旦达到法定退休年龄便自动退休，为了妥善地进行工作交接，劳动者必须先走完退休程序，在此之后才能获得退休身份、领取养老保险。

以上两种情形下的劳动者与用人单位间的关系都不能认定为劳务关系，而应当认定为劳动关系，从而可以享受工伤保险待遇。

154. 职工因工外出受伤或发生事故下落不明时，工伤保险待遇应当如何处理？

情景再现

徐某是某造船厂的工程师，每当造好新船时，船厂都会派登船在近海试航，以及时发现船上可能存在的问题。某日，徐某试航的海面突起风浪，事发突然，徐某所在的船来不及回航，不幸沉没。徐某在本次事故中生死未卜。在这种情况下，徐某

的近亲属可以向船厂提出何种要求？

法律分析

工作中发生事故而造成职工下落不明、存亡未卜的情况既不同于因工受伤，也不同于因工死亡。对于此类特殊情形，《工伤保险条例》第41条作了规定："职工因工外出期间发生事故或者在抢险救灾中下落不明的，从事故发生当月起3个月内照发工资，从第4个月起停发工资，由工伤保险基金向其供养亲属按月支付供养亲属抚恤金。生活有困难的，可以预支一次性工亡补助金的50%。职工被人民法院宣告死亡的，按照本条例第三十九条职工因工死亡的规定处理。"

需要注意的有三点：（1）职工因工下落不明这种状态持续3个月以上时，相关当事人可以领取供养亲属抚恤金，但是抚恤金的支付主体为工伤保险基金。（2）因工下落不明的职工被人民法院宣告死亡时，职工直系亲属可以领取丧葬补助金、供养亲属抚恤金和一次性工亡补助金。（3）宣告死亡主要解决失踪人的整个民事法律关系的状态问题，必须符合法律规定的相关要件。《民法总则》第46条规定了宣告死亡的条件："自然人有下列情形之一的，利害关系人可以向人民法院申请宣告该自然人死亡：（一）下落不明满四年；（二）因意外事件，下落不明满二年。因意外事件下落不明，经有关机关证明该自然人不可能生存的，申请宣告死亡不受二年时间的限制。”

155. 发生工伤后，已与单位达成赔偿协议的劳动者能否再要求工伤保险待遇？

情景再现

小李是某物流公司的派件员，某天在分拣货物时，小李不慎被货柜上掉下的快件砸伤。小李因伤住院期间，公司主动到医院探望，并与小李协商通过私下赔偿的方式解决这起事故：单位一次性向小李赔付5000元，小李则放弃寻求工伤认定。为了省去工伤认定可能带来的程序上的麻烦，小李同意赔偿。后小李听说自己的受伤已经构成十级伤残，如果认定工伤可以获取远超5000元的赔偿，小李打算请求人民法院撤销协议。小李的做法能够得到法律的支持吗？

法律分析

用人单位与劳动者就工伤事故达成赔偿协议，但赔偿金额明显低于应当享有的工伤保险待遇的，应当认定为显失公平，劳动者申请撤销协议的，人民法院应予支持。我国劳动法规就工伤事故赔偿协议并没有作出禁止性规定，当事人达成的赔偿协议本质上是双方意思自治的体现，协议的签署应当充分尊重当事人的意见，不得违反法律的限制性规定。《最高人民法院关于审理劳动争议案件适用法律若干问题的解释（三）》第10条规定："劳动者与用人单位就解除或者终止劳动合同办理相关手续、支付工资报酬、加班费、经济补偿或者赔偿金等达成的协议，不违反法律、行政法规的强制性规定，且不存在欺诈、胁迫或者乘人之危情形的，应当认定有效。前款协议存在重大误解或者显失公平情形，当事人请求撤销的，人民法院应予支持。"衡量是否存在"显失公平"构成协议撤销的情形应当比照协议中约定的赔偿数额与认定工伤后能够获得的经济赔偿，如果存在巨大落差则应当认定为显失公平。

在事故发生后，用人单位积极与受伤职工商定补偿办法，客观上能够使伤者迅速得到经济补偿，对于伤情的治疗与缓解具有一定的积极意义。但是由于双方在商定时存在着信息不对等的情况，赔偿协议极有可能导致当事人在权利义务上的极度不均衡。

156. 工伤职工及其亲属获得的工伤保险待遇是否需要缴纳个人所得税？

情景再现

刘某就职于某化工厂，担任生产车间一部的操作员。该化工厂与刘某签订了两年期的劳动合同，并依法为其缴纳了社会保险。某日，刘某在操作过程中因操作失误发生工伤事故，经抢救无效死亡。该化工厂及时向劳动行政部门上报工伤事故并向社会保险机构申请工伤保险待遇。事后，刘某亲属在拿到相应的工伤保险待遇时发现实际金额和应得金额之间有差距，询问社会保险机构后被告知是扣除了个人所得税。刘某亲属拿到的工伤保险金是否应该缴纳个人所得税？

法律分析

国家设立工伤保险的目的是保障因工作遭受事故伤害或者患职业病的职工获得医疗救治和经济补偿，防止工伤职工及其家属的生活质量因此而发生显著变化。因此，对工伤保险待遇征收个人所得税既不符合工伤保险的设立目的，也不符合税法的公共目的性和保持社会稳定的职能。财政部、国家税务总局为此专门下发《关于工伤职工取得的工伤保险待遇有关个人所得税政策的通知》（以下简称《通知》），规定以《个人所得税法》第4条中“经国务院财政部门批准免税的所得”为法律依据，对工伤职工及其近亲属按照《工伤保险条例》规定取得的工伤保险待遇，免征个人所得税。《通知》中的工伤保险待遇，包括工伤职工按照《工伤保险条例》规定取得的一次性伤残补助金、伤残津贴、一次性工伤医疗补助金、一次性伤残就业补助金、工伤医疗待遇、住院伙食补助费、外地就医交通食宿费用、工伤康复费用、辅助器具费用、生活护理费等，以及职工因工死亡，其近亲属按照《工伤保险条例》规定取得的丧葬补助金、供养亲属抚恤金和一次性工亡补助金等。已征税款由纳税人向主管税务机关提出申请，主管税务机关按相关规定予以退还。因此，本案中刘某亲属所得的工伤保险待遇并不需要缴纳个人所得税。对于已经缴纳的个人所得税，刘某亲属可以向主管税务机关申请退还。

第七节　工伤保险先行支付

157. 工伤保险基金先行支付类型是什么？

工伤保险基金先行支付主要针对以下两种情况。

（1）用人单位未依法缴纳工伤保险费，职工发生工伤事故的，由用人单位按照规定的工伤保险待遇项目和标准支付费用。有下列情形之一的，职工或者其近亲属可以向所属工伤保险经办机构申请先行支付工伤保险待遇：①用人单位被依法吊销营业执照或者撤销登记、备案的；②用人单位拒绝支付全部或者部分费用的；③依法经仲裁、诉讼后仍不能获得工伤保险待遇，人民法院出具中止执行文书的；④职工认为用人单位不支付的其他情形。

（2）由于第三人的侵权行为造成工伤，第三人不支付工伤医疗费用或者无法确定第三人的，职工或其近亲属可以向所属工伤保险经办机构申请先行支付工伤医疗费用。如同时符合上述第一种情形的，职工或其近亲属可一并向工伤保险经办机构

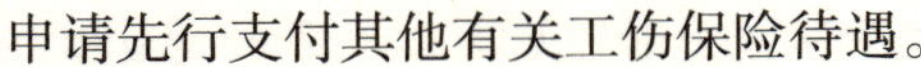

申请先行支付其他有关工伤保险待遇。

158. 工伤保险基金先行支付的项目包括哪些?

工伤保险基金先行支付的项目因申请先行支付的类型不同而有所区别，主要分为以下三种。

（1）由于用人单位未依法缴纳工伤保险费，职工发生工伤，经仲裁、诉讼后，仍未获得工伤保险待遇，人民法院出具中止执行文书的，工伤保险基金可先行支付工伤医疗费用。

（2）工伤职工或其近亲属申请工伤保险基金支付除工伤医疗费用以外的其他工伤保险待遇项目的，工伤保险经办机构应按照《社会保险法》和《工伤保险条例》的规定，先行支付工伤保险待遇中应当由工伤保险基金支付的项目。

（3）由于第三人侵权行为造成工伤，第三人不支付工伤医疗费用或者无法确定第三人的，工伤保险基金可先行支付工伤医疗费用。

159. 申请工伤保险基金先行支付需要准备什么材料?

用人单位、职工或其家属申请工伤保险基金先行赔付时，应当视提出先行支付的理由而准备相应的材料。申请先行支付的主体和类型不同，材料也有区别，其主要有以下几种情况。

（1）按照《社会保险基金先行支付暂行办法》的规定，未依法缴纳工伤保险费的用人单位申请先行支付，申请人需提供以下资料：①社会保险登记证、工伤保险实缴清单或还欠协议；②认定工伤决定书；③先行支付书面申请资料；④省、自治区、直辖市经办机构规定的其他资料。

（2）按照《社会保险基金先行支付暂行办法》，用人单位拒不支付工伤待遇，工伤职工或近亲属申请先行支付的，申请人需提供以下资料：①工伤职工与用人单位的劳动关系证明；②社会保险行政部门出具的用人单位拒不支付证明材料；③认定工伤决定书；④工伤职工或近亲属先行支付书面申请资料；⑤省、自治区、直辖市经办机构规定的其他资料。

（3）按照《社会保险基金先行支付暂行办法》，涉及第三人责任申请先行支付的，第三人不支付工伤医疗费用或者无法确定第三人的，申请人需要提供以下资料：①认定工伤决定书；②工伤职工或近亲属先行支付书面申请资料；③人民法院出具的民事判决书等材料；④对肇事逃逸、暴力伤害等无法确定第三人的，需提供公安机关出具的证明材料；⑤由社会保险行政部门提供的第三人不予支付的证明材料；⑥由职工基本医疗保险先行支付的情况材料；⑦省、自治区、直辖市经办机构规定的其他资料。

160. 工伤保险基金先行支付申请的处理办法是什么？

关于工伤保险基金先行赔付申请的处理办法，因申请先行支付的类型不同而有区别，其分为以下三种情况。

（1）社会保险经办机构接到个人根据《社会保险基金先行支付暂行办法》第4条的规定（即第三人侵权的情况）提出的申请后，应当审查个人获得基本医疗保险基金先行支付和其所在单位缴纳工伤保险费等情况，并按照不同情形分别处理。

①对于个人所在用人单位已经依法缴纳工伤保险费，且在认定工伤之前基本医疗保险基金有先行支付的，社会保险经办机构应当按照工伤保险有关规定，用工伤保险基金先行支付超出基本医疗保险基金先行支付部分的医疗费用，并向基本医疗保险基金退还先行支付的费用。

②对于个人所在用人单位已经依法缴纳工伤保险费，在认定工伤之前基本医疗保险基金无先行支付的，社会保险经办机构应当用工伤保险基金先行支付工伤医疗费用。

③对于个人所在用人单位未依法缴纳工伤保险费，且在认定工伤之前基本医疗保险基金有先行支付的，社会保险经办机构应当在3个工作日内向用人单位发出书面催告通知，要求用人单位在5个工作日内依法支付超出基本医疗保险基金先行支

付部分的医疗费用，并向基本医疗保险基金偿还先行支付的医疗费用。用人单位在规定时间内不支付其余部分医疗费用的，社会保险经办机构应当用工伤保险基金先行支付。

④对于个人所在用人单位未依法缴纳工伤保险费，在认定工伤之前基本医疗保险基金无先行支付的，社会保险经办机构应当在 3 个工作日内向用人单位发出书面催告通知，要求用人单位在 5 个工作日内依法支付全部工伤医疗费用；用人单位在规定时间内不支付的，社会保险经办机构应当用工伤保险基金先行支付。

（2）社会保险经办机构收到职工或者其近亲属根据《社会保险基金先行支付暂行办法》第 6 条的规定（即用人单位拒绝支付部分或全部费用的情况）提出的申请后，应当在 3 个工作日内向用人单位发出书面催告通知，要求其在 5 个工作日内予以核实并依法支付工伤保险待遇，并告知其如在规定期限内不按时足额支付的，工伤保险基金在按照规定先行支付后，取得要求其偿还的权利。用人单位未按时足额支付的，社会保险经办机构应当按照《社会保险法》和《工伤保险条例》的规定，先行支付工伤保险待遇项目中应当由工伤保险基金支付的项目。

（3）个人或者其近亲属提出先行支付工伤医疗费用或者工伤保险待遇申请，社会保险经办机构经审核不符合先行支付条件的，应当在收到申请后 5 个工作日内作出不予先行支付的决

定，并书面通知申请人。

161. 工伤保险基金先行支付后应当如何追偿？

社会保险经办机构追偿办法因申请工伤保险基金先行支付的类型以及申请人获得赔偿的情况而有所不同，主要分为以下四种情况。

（1）个人已经从第三人或者用人单位处获得工伤医疗费用或者工伤保险待遇的，应当主动将先行支付金额中应当由第三人承担的部分或者工伤保险基金先行支付的工伤保险待遇退还给基本医疗保险基金或者工伤保险基金，社会保险经办机构不再向第三人或者用人单位追偿。个人拒不退还的，社会保险经办机构可以从以后支付的相关待遇中扣减其应当退还的数额，或者向人民法院提起诉讼。

（2）由于第三人侵权行为造成工伤，社会保险经办机构先行支付工伤医疗费用后，应制定追偿方案，及时向第三人追偿。由于交通肇事逃逸等原因无法确定第三人的，社会保险经办机构应不定期向有关部门核实肇事者追查情况。有关部门确定了第三人，并明确责任划分后，社会保险经办机构应与第三人签订还款协议，要求第三人按照确定的责任大小依法偿还先行支付数额中的相应部分。第三人逾期不偿还的，社会保险经办机构应当依法向人民法院提起诉讼。

（3）社会保险经办机构根据法律规定先行支付工伤保险待遇后，应当责令用人单位在 10 日内偿还。用人单位逾期不偿还的，社会保险经办机构可以按照《社会保险法》第 63 条的规定，向银行和其他金融机构查询其存款账户，申请县级以上社会保险行政部门作出划拨应偿还款项的决定，并书面通知用人单位开户银行或者其他金融机构划拨其应当偿还的数额。用人单位账户余额少于应当偿还数额的，社会保险经办机构可以要求其提供担保，签订延期还款协议。用人单位未按时足额偿还且未提供担保的，社会保险经办机构可以申请人民法院扣押、查封、拍卖其价值相当于应当偿还数额的财产，以拍卖所得偿还所欠数额。

（4）社会保险经办机构向用人单位追偿工伤保险待遇发生的合理费用以及用人单位逾期偿还部分的利息损失等，应当由用人单位承担。

162. 工伤保险基金先行支付可能涉及哪些法律责任？

工伤保险基金先行支付产生的法律责任可以根据责任主体的不同分为以下三种。

（1）用人单位不支付依法应当由其支付的工伤保险待遇项

目的，职工可以依法申请仲裁，或向人民法院提起诉讼。

（2）个人隐瞒已经从第三人或者用人单位处获得工伤医疗费用或者工伤保险待遇，向社会保险经办机构申请并获得社会保险基金先行支付的，按照《社会保险法》第 88 条的规定责令当事人退回骗取的工伤保险待遇，并处骗取金额 2 倍以上 5 倍以下的罚款。情节严重构成犯罪的，则由司法部门依法追究刑事责任。

（3）用人单位对社会保险经办机构作出先行支付的追偿决定不服或者对社会保险行政部门作出的划拨决定不服的，可以依法申请行政复议或者提起行政诉讼。个人或者其近亲属对社会保险经办机构作出不予先行支付的决定不服或者对先行支付的数额不服的，可以依法申请行政复议或者提起行政诉讼。

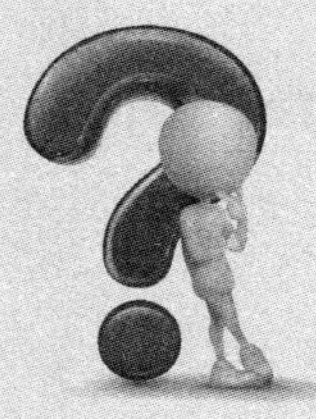

第五章

CHAPTER 5

工伤救济

第一节　工伤劳动争议解决

163. 工伤争议的解决途径有哪些？

工伤争议主要是指在事故发生后，劳动者与用人单位就事故性质、事后待遇产生的争议，包括劳动者能否依照《工伤保险条例》的相关规定要求用人单位给予工伤待遇、工伤是否构成伤残、构成几级伤残、职工与用人单位就具体的待遇执行与标准产生的争议等。工伤争议在性质上属于劳动争议，解决劳动争议的方法也适用于解决工伤争议。《劳动法》第 77 条第 1 款规定："用人单位与劳动者发生劳动争议，当事人可以依法申请调解、仲裁、提起诉讼，也可以协商解决。"

164. 解决工伤争议的基本原则有哪些？

《劳动争议调解仲裁法》第 3 条规定，在处理劳动争议上要本着合法、公正、及时、着重调解的原则，依法保护当事人的合法权益。

（1）合法原则。合法指的是工伤争议的解决必须以法律为依据，以事实为准绳，不以法律为依据的裁决即便最后能让劳资双方都满意也是无效的。这里所谓的合法不仅包括实体法，程序法也被囊括在内。同时，可以作为裁决依据的不只有法律，有关工伤权益保障方面的行政法规、部门规章对引导纠纷合理解决也具有重要的意义。

（2）公正原则。即便存在良好的法律，也并不必然带来结果的圆满，工伤争议的顺利解决有赖于解纷人员保持一颗正义之心。公正原则指的是劳动争议处理部门在对待工伤问题上要不偏不倚，平等对待双方当事人，严格遵守相关法律规定，避免出现因无原则庇护一方而故意曲解法律的现象。只有这样，正义才能不再停留在纸面上。

（3）及时原则。合法原则要求劳动争议处理部门在解决工伤争议时必须在法定期限内完成，及时原则在此基础上提出了更进一步的要求，它要求解纷机构更快速、更高效地解决当事人提出的争议。

（4）着重调解原则。作为劳动争议重要内容之一的工伤争议具有相当强的特殊性，妥善处理工伤争议不仅关系到劳动者的经济赔偿问题，也涉及劳资双方的日后关系，特别是在继续维持劳动关系的情况下。因此，着重维持当事人之间的和谐、避免矛盾升级的调解，在解决工伤争议中往往扮演着极为重要的角色。这表现为调解贯穿整个纠纷解决程序，即便工伤争议已经提交劳动仲裁委员会或人民法院，相关机构在正式作出裁决前仍会试探性地组织劳资双方进行调解。

165. 工伤认定中的证据包括哪些？

当事人对自己提出的主张，有责任提供证据。当事人及其诉讼代理人因客观原因不能自行收集的证据，或者人民法院认为审理案件需要的证据，人民法院应当调查收集。证据包括：（1）当事人的陈述；（2）书证；（3）物证；（4）视听资料；（5）电子数据；（6）证人证言；（7）鉴定意见；（8）勘验笔录。证据必须查证属实，才能作为认定事实的根据。

166. 哪些事实不需要工伤劳动争议当事人承担举证责任？

我国法律虽然没有明文规定哪些事项可以免除当事人举证责任，但理论界与实务界的共识是，当事人并非对所有事实都要承担举证责任，下述情况可直接被视为真实，免除举证责任：（1）众所周知的事实和自然规律及定理，如自然灾害、战争等；（2）由法律规定或日常生活经验能够推导出的另一事实，除非这一事实能够被证明不符合逻辑；（3）已为人民法院生效判决所确定的事实；（4）已为合法有效的公证文书证明的事实；（5）已为仲裁机构生效裁决所确认的事实；（6）一方陈述被另一方当事人明确表示承认的。

167. 什么是工伤争议协商和解？

协商和解是指在工伤事故发生后，劳动者与用人单位就有关问题进行磋商，在相互尊重、彼此体谅的基础上，通过对事实的重新梳理合理划分彼此的责任，达成和解协议，使得工伤争议得以平息。参与协商的主体不仅限于劳资双方，工会或第三方也可以参与到这一程序中来。《劳动争议调解仲裁法》第4条规定："发生劳动争议，劳动者可以与用人单位协商，也可以请工会或者第三方共同与用人单位协商，达成和解协议。"作为一种解纷方式，协商和解具有快捷性、简便性的特征，无论对于劳动者还是用人单位而言，都是一种较为理想的方法。此外，和解与其他解决方式并行不悖，是贯穿于其中的，即便工伤争议已经处于仲裁或诉讼阶段，当事人还是可以就争议达成和解的。

168. 什么是工伤争议行政投诉？

《劳动争议调解仲裁法》第9条规定："用人单位违反国家规

定，拖欠或者未足额支付劳动报酬，或者拖欠工伤医疗费、经济补偿或者赔偿金的，劳动者可以向劳动行政部门投诉，劳动行政部门应当依法处理。”

169. 什么是工伤争议调解？

《劳动争议调解仲裁法》还规定工伤争议可以通过调解的方式加以解决，工伤争议发生后，当事人可以到下列调解组织申请调解：企业劳动争议调解委员会；依法设立的基层人民调解组织；在乡镇、街道设立的具有劳动争议调解职能的组织。企业劳动争议调解委员会由职工代表和企业代表组成，职工代表由工会成员担任或者由全体职工推举产生，企业代表由企业负责人指定，企业劳动争议调解委员会主任由工会成员或者双方推举的人员担任。劳动争议调解组织的调解员应当由公道正派、联系群众、热心调解工作，并具有一定法律知识、政策水平和文化水平的成年公民担任。

当事人申请劳动争议调解可以书面申请，也可以口头申请。口头申请的，调解组织应当场记录申请人基本情况、申请调解的争议事项、理由和时间。调解劳动争议，应当充分听取双方当事人对事实和理由的陈述，耐心疏导，帮助其达成协议。经调解达成协议的，应当制作调解协议书。调解协议书由双方当事人签名或者盖章，经调解员签名并加盖调解组织印章后生效，对双方当事人具有约束力，当事人应当履行。

170. 什么是工伤争议仲裁？

劳动仲裁是指由劳动争议仲裁委员会居中裁判发生在劳动者与用人单位之间的劳动争议，《劳动争议调解仲裁法》第5条规定，“发生劳动争议，当事人不愿协商、协商不成或者达成和解协议后不履行的，可以向调解组织申请调解；不愿调解、调解不成或者达成调解协议后不履行的，可以向劳动争议仲裁委员会申请仲裁。”虽然劳动者与用人单位是劳动仲裁的双方当事人，但是当事人可以委托代理人参加仲裁活动，丧失或者部分丧失民事行为能力的劳动者，由其法定代理人代为参加仲裁活动；无法定代理人的，由劳动争议仲裁委员会为其指定代理人。劳动者死亡的，由其近亲属或者代理人参加仲裁活动。

171. 什么是工伤争议诉讼？

诉讼是解决工伤争议的最后途径，当事人不能直接向人民法院求助，提请诉讼必须以仲裁为前提。《劳动争议调解仲裁法》第5条规定：“发生劳动争议，当事人不愿协商、协商不成或者达成和解协议后不履行的，可以向调解组织申请调解；不愿调解、调解不成或者达成调解协议后不履行的，可以向劳动争议仲裁委员会申请仲裁；对仲裁裁决不服的，除本法另有规定的外，可以向人民法院提起诉讼。”劳动者对仲裁裁决不服的，可以自收到仲裁裁决书之日起 15 日内向人民法院提起诉讼。

人民法院是重要的国家机构，依法独立行使审判权，审判过程、审判结果不受任何行政机关、社会团体、个人的干预。诉讼是解决纠纷的重要途径，但诉讼的典型特征在于被动性，即“不告不理”原则，人民法院是不可能主动去为劳动者或用人单位在工伤案件中出谋划策的，人民法院的介入必须以一方向其提请诉讼为前提。司法同时具有终极性的特征，由它作出的结论是最终、最权威的判断。

正是由于司法的上述特质，相对于其他机关，人民法院在工伤案件中的介入一般比较迟滞，往往是争执到了无法回转的余地才由法院出面加以裁断。一般说来，在工作中发生伤亡事故，由劳动保障行政部门进行工伤认定，劳动能力鉴定机构进行伤残等级鉴定，对认定结果不认可的可以提起行政复议，鉴定结果不认同的可以提起二次鉴定，在以下情况下，当事人也可以选择向人民法院提起诉讼：（1）申请工伤认定的职工或者其近亲属、该职工所在单位对工伤认定申请不予受理的决定不服的；（2）申请工伤认定的职工或者其近亲属、该职工所在单位对工伤认定结论不服的；（3）用人单位对经办机构确定的单位缴费费率不服的；（4）签订服务协议的医疗机构、辅助器具配置机构认为经办机构未履行有关协议或者规定的；（5）工伤职工或者其近亲属对经办机构核定的工伤保险待遇有异议的。

第二节　工伤劳动争议调解

172. 工伤劳动争议的调解程序是什么？

作为纠纷解决方式的调解可以解开当事人之间的心结，消除对立情绪，化解矛盾，在工伤劳动争议中发挥着重要作用，这又可以分为受理、准备、调解、终结四个步骤。

（1）受理。当事人申请劳动争议调解可以书面申请，也可以口头申请。口头申请的，调解组织应当场记录申请人基本情况、申请调解的争议事项、理由和时间。劳动争议调解委员会在收到当事人的调解申请后应当对材料进行审查，决定是否受理，审查的主要内容包括：当事人是否具备合适的主体资格、申请解决事项是否在本调解委员会的受案范围、对方当事人是否具有调解意愿、申请调解案件是否属于劳动争议、是否在法定的时效期间内。

（2）准备。调解前的准备工作主要包括：①弄清争议的基本事实，即劳动争议产生的原因、发展过程、争议的焦点等。②了解与争议有关的劳动法律法规及劳动合同的规定，为判断争议的是非曲直和确定当事人的责任提供准确的法律依据。③对调查得到的材料进行综合分析研究，并结合劳动法规的有关规定判明是非，分析双方各自应承担的责任，拟定调解方案和调解意见。④召开调解员会议，通报调查情况，讨论确定调解方案，在统一认识的基础上确定调解意见。⑤指定调解委员会成员与劳动争议当事人谈话，宣传有关劳动法律法规，提出正确对待调解的要求，通过宣传法律知识及对当事人做耐心细致的思想工作，为调解奠定良好的思想基础。

（3）调解。这是工伤劳动争议调解的中心环节，在确认双方代表已经到达的情况下，负责调解的工作人员应当及时对争议事项进行调查核实，积极组织双方当事人开展对话，把与本案相关的法律规定及政策传达给劳资双方。如果通过一轮调解并不能取得某种突破性进展，在确认双方还有继续商谈的前提下，还可以再组织新一轮的协商，但是在协商过程中必须尊重双方当事人的意愿，不能强迫当事人达成协议。

（4）终结。经过调解的工伤劳动争议，最后会以撤回调解、拒绝调解、达成调解这三种形式终结。如果当事人在调解过程中撤回自己的调解申请，调解委员会应当准许，并终结调解。在调解过程中，当事人有权拒绝调解，这时调解委员会应当尊重当事人的权利，终止调解。经调解达成协议的，应当制作调解协议书。调解协议书由双方当事人签名或者盖章，经调解员签名并加盖调解组织印章后生效，对双方当事人具有约束力，当事人应当履行。自劳动争议调解组织收到调解申请之日起 15 日内未达成调解协议的，当事人可以依法申请仲裁。

173. 哪些组织可以对工伤劳动争议进行调解？

根据《劳动争议调解仲裁法》第 10 条的规定，当用人单位与劳动者之间因工伤而产生劳动争议时，以下机构可以对当事双方进行调解。

（1）企业劳动争议调解委员会。企业劳动争议调解委员会由职工代表和企业代表组成。职工代表由工会成员担任或者由全体职工推举产生，企业代表由企业负责人指定。企业劳动争议调解委员会主任由工会成员或者双方推举的人员担任。

（2）依法设立的基层人民调解组织。人民调解委员会是在基层人民政府和基层人民法院指导下进行工作的群众性组织，它下设在村民委员会和居民委员会中。它的主要任务是调解民间纠纷，并通过调解工作宣传法律、法规、规章和政策，教育公民遵纪守法，尊重社会公德。只要为人公正，联系群众，热心人民调解工作，并有一定法律知识和政策水平，任何成年公民都可以当选为人民调解委员会委员。在人员构成上，根据《人民调解委员会组织条例》第 3 条第 1、2 款的规定：“人民调解委员会由委员三至九人组成，设主任一人，必要时可以设副主任。人民调解委员会委员除由村民委员会成员或者居民委员会成员兼任的以外由群众选举产生，每三年改选一次，可以连选连任。”此外，根据司法部于2002年通过的《人民调解工作若干规定》，除下设在村民委员会、居民委员会这种形式外，还可以在乡镇、街道设立人民调解委员会，并且根据需要可以设立区域性、行业性调解委员会。

（3）在乡镇、街道设立的具有劳动争议调解职能的组织。这主要是指某些经济发达地区为了快速高效地解决生产过程中的劳动纠纷而成立的区域性调解组织。目前，这类组织主要以两种形式存在：①依托于乡镇劳动服务站。譬如，宁波市鄞州区钟公店街道设立的劳动和社会事务管理服务站，3名劳动关系协调处理员在2005年共处理了202件劳动争议案件，这其中不乏因工伤而引起的纠纷。②依托于地方工会。近年来，一些地方在小型非公有制企业和外商投资企业比较集中的乡镇、街道、开发区或社区，由地方工会、政府和企业代表组织等组成区域性、行业性劳动争议调解组织，调解本区域重大疑难劳动争议、集体劳动争议以及未建立劳动争议调解委员会的企业发生的劳动争议。

174. 工伤争议调解协议的生效要件是什么？

一份工伤争议调解协议要想具备法律效力，必须符合以下基本要件：当事人具有完全民事行为能力；意思表示真实；不违反法律、行政法规的强制性规定或者社会公共利益。

根据《最高人民法院关于审理涉及人民调解协议的民事案件的若干规定》第5条的规定，当出现下列情形时，工伤争议调解协议不具备法律效力：损害国家、集体或者第三人利益；以合法形式掩盖非法目的；损害社会公共利益；违反法律、行政法规的强制性规定。人民调解委员会强迫调解的，调解协议无效。无效的调解协议或者被撤销的调解协议自始没有法律约束力。调解协议部分无效，不影响其他部分效力的，其他部分仍然有效。

即便工伤争议调解协议符合生效要件且没有出现无效情形，但调解协议是因重大误解订立的、在订立调解协议时显失公平的或一方以欺诈、胁迫的手段或者乘人之危，使对方在违背真实意思的情况下订立的，受损害方有权请求人民法院变更或者撤销。这种撤销权受到除斥期间的限制，具有撤销权的当事人自知道或者应当知道撤销事由之日起一年内没有行使撤销权，该撤销权消灭。

175. 工伤劳动争议调解协议具有什么样的法律效力？

劳动者与用人单位通过调解的方式解决已经发生的工伤争议后，当制作调解协议书，双方当事人签名或者盖章，经调解员签名并加盖调解组织印章后生效，对双方当事人具有约束力，当事人应当履行。当出现一方不愿履行协议书规定的内容时，《劳动争议调解仲裁法》第15条规定："达成调解协议后，一方当事人在协议约定期限内不履行调解协议的，另一方当事人可以依法申请仲裁。"由此可以判定工伤调解协议在法律上所具有的效力。

（1）调解协议需当事人自觉履行。生效的调解协议是当事人双方意思自治的体现，双方当事人应当自觉按照约定行使权利、履行义务。《最高人民法院关于审理涉及人民调解协议的民事案件的若干规定》第1条规定："经人民调解委员会调解达成的、有民事权利义务内容，并由双方当事人签字或者盖章的调解协议，具有民事合同性质。当事人应当按照约定履行自己的义务，不得擅自变更或者解除调解协议。"这进一步明确了工伤劳动争议调解协议在法律上的效力，符合生效要件的调解协议界定了双方当事人之间的权利义务。

（2）工伤争议调解协议不具备强制执行力。虽然《最高人民法院关于审理涉及人民调解协议的民事案件的若干规定》第2条第1款规定："当事人一方向人民法院起诉，请求对方当事人履行调解协议的，人民法院应当受理。"但这并不适用于劳动争议调解协议，工伤争议调解协议达成后，即便一方当事人反悔不履行协议约定的义务，另一方当事人也不能以此为由向人民法院提起诉讼申请强制执行，而只能选择劳动仲裁程序。但在某些特殊情况下，工伤争议调解协议还是可以具备强制执行效力的。《劳动争议调解仲裁法》第16条规定：“因支付拖欠劳动报酬、工伤医疗费、经济补偿或者赔偿金事项达成调解协议，用人单位在协议约定期限内不履行的，劳动者可以持调解协议书依法向人民法院申请支付令。人民法院应当依法发出支付令。”

第三节　工伤劳动争议仲裁

176. 什么是工伤劳动争议仲裁？

工伤争议是劳动争议的一种，也可以通过劳动仲裁的方式去解决纠纷、平息矛盾。劳动仲裁是由劳动仲裁委员会居间评判劳资双方的争议事项并作出决断，裁决结果对双方当事人具有约束力。相较于诉讼，仲裁的处理期限较短，裁决结果具有终局性，并不存在上诉程序。同时，由于仲裁在程序上较为简单，使得案件能够迅速终结，有利于及时维护当事人的合法权益。

177. 工伤劳动争议仲裁的特殊性在哪里？

与普通民商事仲裁相比，劳动争议仲裁自有特殊性，在审理包括工伤在内的各种劳动纠纷时，往往遵循以下原则：（1）先行调解原则。仲裁庭在作出裁决前，应当先行调解。调解是仲裁的必经程序，不经调解，仲裁程序就无法展开，但这并不表示仲

裁庭要强制劳资双方达成协议。如果当事人不愿意调解或者调解不成，仲裁庭应当及时根据案件事实依法作出裁决。（2）少数服从多数原则。裁决应当按照多数仲裁员的意见作出，少数仲裁员的不同意见应当记入笔录。仲裁员具有平等的表决权，在决定案件结果上实行的是少数服从多数原则，最终结果以多数意见为准。（3）一裁终局原则。为了迅速高效地解决劳动纠纷，仲裁实行的是一裁终局原则。也就是说，仲裁委员会作出的裁决具有终局性，若当事人对于裁决结果仍不满意，也不能再继续申请仲裁，而必须经由司法判决。

178. 劳动仲裁委员会是如何组建的?

《劳动争议调解仲裁法》对劳动仲裁委员会的组建作了规定，劳动争议仲裁委员会按照统筹规划、合理布局和适应实际需要的原则设立。省、自治区人民政府可以决定在市、县设立；直辖市人民政府可以决定在区、县设立。直辖市、设区的市也可以设立一个或者若干个劳动争议仲裁委员会。劳动争议仲裁委员会不按行政区划层层设立。国务院劳动行政部门依照《劳动争议调解仲裁法》有关规定制定仲裁规则。省、自治区、直辖市人民政府劳动行政部门对本行政区域的劳动争议仲裁工作进行指导。

劳动争议仲裁委员会由劳动行政部门代表、工会代表和企业方面代表组成。劳动争议仲裁委员会组成人员应当是单数。劳动争议仲裁委员会依法履行下列职责：（1）聘任、解聘专职或者兼职仲裁员；（2）受理劳动争议案件；（3）讨论重大或者疑难的劳动争议案件；（4）对仲裁活动进行监督。劳动争议仲裁委员会下设办事机构，负责办理劳动争议仲裁委员会的日常工作。

对于聘任的仲裁员，劳动争议仲裁委员会应当设立仲裁员名册。在仲裁员的聘任上，应当选择公道正派并符合下列条件之一的人：（1）曾任审判员的；（2）从事法律研究、教学工作并具有中级以上职称的；（3）具有法律知识、从事人力资源管理或者工会等专业工作满5年的；（4）律师执业满3年的。

179. 工伤争议仲裁的流程是什么？

在具体的流程上，工伤争议仲裁与普通民商事仲裁并没有太大区别，都要经过“申请—受理—组庭—审理—裁决”这五个程序。但由于工伤争议仲裁的特殊性，往往在具体细节上呈现出独特的样态。

（1）申请。申请人申请仲裁应当提交书面仲裁申请，并按照被申请人人数提交副本。仲裁申请书应当载明下列事项：劳动者的姓名、性别、年龄、职业、工作单位和住所，用人单位的名称、住所和法定代表人或者主要负责人的姓名、职务；仲裁请求和所根据的事实、理由；证据和证据来源、证人姓名和住所。书写仲裁申请确有困难的，可以口头申请，由劳动争议仲裁委员会记入笔录，并告知对方当事人。

（2）受理。劳动争议仲裁委员会在收到仲裁申请之日起 5 日内，认为符合受理条件的，应当受理，并通知申请人；认为不符合受理条件的，应当书面通知申请人不予受理，并说明理由。劳动争议仲裁委员会在“受理”这一环节主要审查三个要素：①是否属于本仲裁委员会受案范围。②当事人主体是否适格。③是否在限定时间内。

（3）组庭。劳动争议仲裁委员会裁决劳动争议案件实行仲裁庭制。仲裁庭由 3 名仲裁员组成，设首席仲裁员。简单劳动争议案件可以由一名仲裁员独任仲裁。劳动争议仲裁委员会应当在受理仲裁申请之日起 5 日内将仲裁庭的组成情况书面通知当事人。

（4）审理。仲裁庭应当在开庭 5 日前，将开庭日期、地点书面通知双方当事人。当事人有正当理由的，可以在开庭 3 日前请求延期开庭。是否延期，由劳动争议仲裁委员会决定。申请人收到书面通知，无正当理由拒不到庭或者未经仲裁庭同意中途退庭的，可以视为撤回仲裁申请。被申请人收到书面通知，无正当理由拒不到庭或者未经仲裁庭同意中途退庭的，可以缺席裁决。仲裁庭对专门性问题认为需要鉴定的，可以交由当事人约定的鉴定机构鉴定；当事人没有约定或者无法达成约定的，由仲裁庭指定的鉴定机构鉴定。根据当事人的请求或者仲裁庭的要求，鉴定机构应当派鉴定人参加开庭。当事人经仲裁庭许可，可以向鉴定人提问。当事人在仲裁过程中有权进行质证和辩论。质证和辩论终结时，首席仲裁员或者独任仲裁员应当征询当事人的最后意见。当事人提供的证据经查证属实的，仲裁庭应当将其作为认定事实的根据。劳动者无法提供由用人单位掌握管理的与仲裁请求有关的证据，仲裁庭可以要求用人单位在指定期限内提供。用人单位在指定期限内不提供的，应当承担不利后果。仲裁庭应当将开庭情况记入笔录。当事人和其他仲裁参加人认为对自己陈述的记录有遗漏或者差错的，有权申请补正。如果不予补正，应当记录该申请。笔录由仲裁员、记录人员、当事人和其他仲裁参加人签名或者盖章。

（5）裁决。裁决应当按照多数仲裁员的意见作出，少数仲裁员的不同意见应当记入笔录。仲裁庭不能形成多数意见时，裁决应当按照首席仲裁员的意见作出。裁决书应当载明仲裁请求、争议事实、裁决理由、裁决结果和裁决日期。裁决书由仲裁员签名，加盖劳动争议仲裁委员会印章。对裁决持不同意见的仲裁员，可以签名，也可以不签名。仲裁庭裁决劳动争议案件，应当自劳动争议仲裁委员会受理仲裁申请之日起45日内结束。

案情复杂需要延期的，经劳动争议仲裁委员会主任批准，可以延期并书面通知当事人，但是延长期限不得超过 15 日。逾期未作出仲裁裁决的，当事人可以就该劳动争议事项向人民法院提起诉讼。

180. 工伤争议当事人想要申请仲裁时，应当如何确定具有管辖权限的仲裁机构?

工伤争议也适用一定的管辖规定，并不是所有仲裁机构都可以随意受理案件，发生争议后，找到具备管辖权的仲裁机构是迈出解决问题的第一步。仲裁机构管辖权的规定体现在《劳动争议调解仲裁法》第 21 条的规定：“劳动争议仲裁委员会负责管辖本区域内发生的劳动争议。劳动争议由劳动合同履行地或者用人单位所在地的劳动争议仲裁委员会管辖。双方当事人分别向劳动合同履行地和用人单位所在地的劳动争议仲裁委员会申请仲裁的，由劳动合同履行地的劳动争议仲裁委员会管辖。”不属于本仲裁委员会管辖范围内的案件，仲裁委员会应当作出不予受理的决定。

181. 哪些人能够参与工伤劳动争议仲裁?

发生劳动争议的劳动者和用人单位为劳动争议仲裁案件的

双方当事人。与劳动争议案件的处理结果有利害关系的第三人，可以申请参加仲裁活动或者由劳动争议仲裁委员会通知其参加仲裁活动。不适格的主体不能启动劳动仲裁程序。需要注意的是，这并不意味着当事人必须亲自全程参与工伤劳动争议仲裁。《劳动争议调解仲裁法》第24条规定："当事人可以委托代理人参加仲裁活动。委托他人参加仲裁活动，应当向劳动争议仲裁委员会提交有委托人签名或者盖章的委托书，委托书应当载明委托事项和权限。"对于丧失或者部分丧失民事行为能力的劳动者，由其法定代理人代为参加仲裁活动；无法定代理人的，由劳动争议仲裁委员会为其指定代理人。劳动者死亡的，由其近亲属或者代理人参加仲裁活动。

182. 一般应在多久申请工伤争议仲裁？

一般情况下，劳动争议申请仲裁的时效期间为一年，从当事人知道或者应当知道其权利被侵害之日起计算。当一方当事人向对方当事人主张权利，或者向有关部门请求权利救济，或者对方当事人同意履行义务，时效中断。从中断时起，仲裁时效期间重新计算。因不可抗力或者有其他正当理由，当事人不能在规定的仲裁时效期间申请仲裁的，仲裁时效中止。从中止时效的原因消除之日起，仲裁时效期间继续计算。对劳动争议仲裁委员会不予受理或者逾期未作出决定的，申请人可以就该劳动争议事项向人民法院提起诉讼。

183. 在哪些情形下，仲裁员应当回避？

《劳动争议调解仲裁法》第33条对仲裁员应当回避的情形作出了相关规定，“仲裁员有下列情形之一，应当回避，当事人也有权以口头或者书面方式提出回避申请：（一）是本案当事人或者当事人、代理人的近亲属的；（二）与本案有利害关系的；（三）与本案当事人、代理人有其他关系，可能影响公正裁决的；（四）私自会见当事人、代理人，或者接受当事人、代理人的请客送礼的。劳动争议仲裁委员会对回避申请应当及时作出决定，并以口头或者书面方式通知当事人。”

184. 生效的劳动仲裁有何约束力？

劳动仲裁具有一裁终局性的特征，在裁决作出后，用人单位不得就同一事项再次申请仲裁或向人民法院提起诉讼。当事人对发生法律效力的调解书、裁决书，应当依照规定的期限履行。一方当事人逾期不履行的，另一方当事人可以依照《民事诉讼法》的有关规定向人民法院申请执行。受理申请的人民法院应当依法执行。

185. 哪些情形可以申请撤销劳动仲裁裁决?

用人单位在下列情形下可以向仲裁委员会所在地的中级人民法院申请撤销裁决：适用法律、法规确有错误的；劳动争议仲裁委员会无管辖权的；违反法定程序的；裁决所根据的证据是伪造的；对方当事人隐瞒了足以影响公正裁决的证据的；仲裁员在仲裁该案时有索贿受贿、徇私舞弊、枉法裁决行为的。人民法院经组成合议庭审查核实裁决有前款规定情形之一的，应当裁定撤销。仲裁裁决被人民法院裁定撤销的，当事人可以自收到裁定书之日起 15 日内就该劳动争议事项向人民法院提起诉讼。

186. 哪些劳动仲裁裁决会被人民法院认定为不予执行?

当事人申请人民法院执行劳动争议仲裁机构作出的发生法律效力的裁决书，被申请人提出证据证明劳动争议仲裁裁决书有下列情形之一的，人民法院可以根据《民事诉讼法》第 274 条的规定，裁决不予执行：当事人在合同中没有订有仲裁条款或者事后没有达成书面仲裁协议的；被申请人没有得到指定仲裁员或者进行仲裁程序的通知，或者由于其他不属于被申请人负责的原因未能陈述意见的；仲裁庭的组成或者仲裁的程序与仲裁规则不符的；裁决的事项不属于仲裁协议的范围或者仲裁机构无权仲裁的；人民法院认定执行该裁决违背社会公共利益的。仲裁裁决被人民法院裁定不予执行的，当事人可以根据双方达成的书面仲裁协议重新申请仲裁，也可以向人民法院起诉。

第四节　工伤劳动争议诉讼

187. 什么是工伤劳动争议诉讼?

工伤劳动争议诉讼是指当事人对劳动仲裁委员会作出的裁决不服，在法定期限内向人民法院提出诉请，希望人民法院通过司法程序对工伤争议作出判决。诉讼是处理工伤争议的最后一道环节，通过诉讼处理的案件也标志着纠纷在程序上的最终完结，劳资双方享有平等的诉权，任何一方对仲裁裁决不服的，都可以提起诉讼。

188. 工伤劳动争议诉讼与普通民事诉讼有何区别?

在程序上，工伤劳动争议也适用民事诉讼程序，但它与普通民事诉讼存在一定的区别，这表现在:（1）当事人具有特定性。工伤劳动争议的双方当事人为劳动者与用人单位，不具有劳动者或用人单位身份的，是不能够成为工伤劳动争议诉讼当事人的。

（2）必须先经历仲裁。工伤劳动争议的当事人无法直接向人民法院提起诉讼，必须以劳动仲裁为前提，未经仲裁的工伤争议是无法进入诉讼程序的。（3）提起诉讼的时间特定。对劳动仲裁裁决不服的当事人，应当自收到裁决书之日起15日内向人民法院提起诉讼。一般说来，如果当事人在申请时超过这个时间，人民法院可以不予受理。（4）诉讼标的特定。工伤劳动争议涉及的是在劳动关系存续期间因工伤而生的权利义务问题，其诉讼标的指向的是劳动权，具有单一性，并不涉及其他方面的权利，如财产权、人身权等。（5）工伤劳动争议诉讼适用民事诉讼程序。工伤劳动争议并不存在特别的诉讼程序，人民法院在受案后，仍然按照普通民事诉讼程序处理工伤劳动争议。

189. 哪些情形下，工伤劳动争议诉讼当事人可以申请由人民法院调取证据？

根据《民事诉讼法》及《最高人民法院关于民事诉讼证据的若干规定》，工伤劳动争议诉讼当事人因客观原因不能自行收集的证据，可申请人民法院调查收集。这主要涉及以下几种情况：（1）证据由国家有关部门保存，当事人及其诉讼代理人无权查阅调取的；（2）涉及国家秘密、商业秘密或者个人隐私的；（3）当事人及其诉讼代理人因客观原因不能自行收集的其他证据。

当事人及其诉讼代理人因客观原因不能自行收集的证据，可以在举证期限届满前书面申请人民法院调查收集。

190. 哪些情形下，人民法院可以主动收集与工伤劳动争议案件有关的证据？

一般情形下，举证责任在当事人之间进行分配，人民法院只是根据当事人提供的证据进行事实认定并作出相应法律判断，不过在下列少数情况下，人民法院可以主动收集与案件相关的证据，这同样适用于工伤劳动争议：（1）涉及可能损害国家利益、社会公共利益的；（2）涉及身份关系的；（3）涉及《民事诉讼法》第55条规定诉讼的；（4）当事人有恶意串通损害他人合法权益可能的；（5）涉及依职权追加当事人、中止诉讼、终结诉讼、回避等程序性事项的。

除以上规定外，人民法院调查收集证据，应当依照当事人的申请进行。

191. 能否在工伤劳动争议案件中申请证据保全？

证据保全存在于各类诉讼中，也适用于工伤劳动争议案件。证据保全是指在证据可能灭失或者以后难以取得的情况下，由司法机关依法收存、固定证据资料以保持其真实性和证明力的措施。

利害关系人因情况紧急，不立即申请保全将会使其合法权益受到难以弥补的损害的，可以在提起诉讼或者申请仲裁前向被保全财产所在地、被申请人住所地或者对案件有管辖权的人民法院申请采取保全措施。申请人应当提供担保，不提供担保的，裁定驳回申请。人民法院接受申请后，必须在48小时内作出裁定；裁定采取保全措施的，应当立即开始执行。申请人在人民法院采取保全措施后30日内不依法提起诉讼或者申请仲裁的，人民法院应当解除保全。

192. 如何确定工伤劳动争议诉讼中的当事人？

劳动者与用人单位为工伤劳动争议诉讼的双方当事人，在实践中，对劳动者一方主体资格的认定并不存在太大困难，而在用人单位的认定上往往会因现实情况的变化而变得比较复杂，《最高人民法院关于审理劳动争议案件适用法律若干问题的解释》在明确用人单位当事人资格上作了相关规定，主要包括以下几种情形。

（1）用人单位合并、分立。用人单位与其他单位合并的，合并前发生的劳动争议，由合并后的单位为当事人；用人单位分立为若干单位的，其分立前发生的劳动争议，由分立后的实际用人单位为当事人。用人单位分立为若干单位后，对承受劳动权利义务的单位不明确的，分立后的单位均为当事人。

（2）多重劳动关系。用人单位招用尚未解除劳动合同的劳动者，原用人单位与劳动者发生的劳动争议，可以列新的用人单位为第三人。原用人单位以新的用人单位侵权为由向人民法院起诉的，可以列劳动者为第三人。原用人单位以新的用人单位和劳动者共同侵权为由向人民法院起诉的，新的用人单位和劳动者列为共同被告。

（3）经营承包关系。劳动者在用人单位与其他平等主体之间的承包经营期间，与发包方和承包方双方或者一方发生劳动争议，依法向人民法院起诉的，应当将承包方和发包方作为当事人。

（4）个体工商户。劳动者与起有字号的个体工商户产生的劳动争议诉讼，人民法院应当以营业执照上登记的字号为当事人，但应同时标明该字号业主的自然情况。

（5）劳务派遣。劳动者因履行劳动力派遣合同产生劳动争议而起诉，以派遣单位为被告；争议内容涉及接受单位的，以派遣单位和接受单位为共同被告。

193. 如何提起工伤劳动争议诉讼？

《民事诉讼法》第120条规定：“起诉应当向人民法院递交起

诉状，并按照被告人数提出副本。书写起诉状确有困难的，可以口头起诉，由人民法院记入笔录，并告知对方当事人。”这就表明当事人既可以通过口头方式也可以通过书面方式提起工伤劳动争议诉讼，但书面起诉为一般原则，只有当情况确实不允许时，才可以口头起诉。以书面方式起诉，既有利于澄清基本事实，也有助于人民法院审查。一般说来，诉状要载明以下内容：（1）原告的姓名、性别、年龄、民族、职业、工作单位、住所、联系方式，法人或者其他组织的名称、住所和法定代表人或者主要负责人的姓名、职务、联系方式；（2）被告的姓名、性别、工作单位、住所等信息，法人或者其他组织的名称、住所等信息；（3）诉讼请求和所根据的事实与理由；（4）证据和证据来源，证人姓名和住所。

此外需要注意的是，当事人应当向有管辖权的人民法院提起工伤劳动争议诉讼。根据《最高人民法院关于审理劳动争议案件适用法律若干问题的解释（一）》第8、9条的规定，劳动争议案件由用人单位所在地或者劳动合同履行地的基层人民法院管辖。劳动合同履行地不明确的，由用人单位所在地的基层人民法院管辖。当事人双方不服劳动争议仲裁委员会作出的同一仲裁裁决，均向同一人民法院起诉的，先起诉的一方当事人为原告，但对双方的诉讼请求，人民法院应当一并作出裁决。当事人双方就同一仲裁裁决分别向有管辖权的人民法院起诉的，后受理的人民法院应当将案件移送给先受理的人民法院。

194. 工伤争议能否适用集团诉讼?

集团诉讼指的是在当事人人数众多的情况下，通过推选的方式由一个或数个代表以全体成员的名义提起诉讼。在此情形下作出的裁决，不仅对直接参与诉讼的个体有效，法律效力同时适用于那些并未直接参与的成员。在工伤争议解决中也是可以运用集团诉讼这一制度的，《劳动争议调解仲裁法》第7条规定："发生劳动争议的劳动者一方在十人以上，并有共同请求的，可以推举代表参加调解、仲裁或者诉讼活动。"

适用集团诉讼的案件必须是在众多当事人之间确实形成同类的权利义务关系，如果这种关系不存在，那么对此作出的裁决并不具有扩张性。这一制度使得作为众多权利代表的原告通过一个诉讼可以谋求自身利益的充分实现，使以最小付出获得最大报酬的想法成为可能。但是，代表的权利并不是无限的。《民事诉讼法》第53条规定："代表人的诉讼行为对其所代表的当事人发生效力，但代表人变更、放弃诉讼请求或者承认对方当事人的诉讼请求，进行和解，必须经被代表的当事人同意。"《民事诉讼法》第54条规定了代表人选的确定，这同样适用于工伤争议，"诉讼标的是同一种类、当事人一方人数众多在起诉时人

数尚未确定的，人民法院可以发出公告，说明案件情况和诉讼请求，通知权利人在一定期间向人民法院登记。向人民法院登记的权利人可以推选代表人进行诉讼；推选不出代表人的，人民法院可以与参加登记的权利人商定代表人”。因此，工伤争议中的代表人一定要在充分尊重每个受伤职工的基础上提出诉求，以实现成员利益的最大化。

195. 工伤劳动争议诉讼的一审程序是什么？

工伤劳动争议诉讼并没有特别的审理程序，整个审判流程与普通民事诉讼并没有太大区别，仍是分为“受理—准备—调解—审判”四个环节。

（1）受理。人民法院应当保障当事人依照法律规定享有的起诉权利。对符合起诉条件的，必须受理。符合起诉条件的，应当在 7 日内立案，并通知当事人；不符合起诉条件的，应当在 7 日内作出裁定书，不予受理；原告对裁定不服的，可以提起上诉。

（2）准备。人民法院应当在立案之日起 5 日内将起诉状副本发送被告，被告应当在收到之日起 15 日内提出答辩状。人民法院应当在收到答辩状之日起五日内将答辩状副本发送原告。被告不提出答辩状的，不影响人民法院审理。人民法院对决定受理的案件，应当在受理案件通知书和应诉通知书中向当事人告知有关的诉讼权利义务，或者口头告知。合议庭组成人员确定后，应当在3日内告知当事人。审判人员必须认真审核诉讼材料，调查收集必要的证据。

（3）调解。当事人起诉到人民法院的工伤劳动争议，适宜调解的，先行调解，但当事人拒绝调解的除外。

（4）审判。工伤劳动争议案件以公开审理为原则，除非涉及国家秘密、个人隐私。审判从确定诉讼参与人开始，开庭审理前，书记员应当查明当事人和其他诉讼参与人是否到庭，宣布法庭纪律。开庭审理时，由审判长核对当事人，宣布案由，宣布审判人员、书记员名单，告知当事人有关的诉讼权利义务，询问当事人是否提出回避申请。然后为法庭调查，顺序如下：当事人陈述；告知证人的权利义务，证人作证，宣读未到庭的证人证言；出示书证、物证、视听资料和电子数据；宣读鉴定意见；宣读勘验笔录。最后为法庭辩论，辩论顺序如下：原告及其诉讼代理人发言；被告及其诉讼代理人答辩；第三人及其诉讼代理人发言或者答辩；互相辩论。法庭辩论终结，由审判长按照原告、被告、第三人的先后顺序征询各方最后意见。法庭辩论终结，应当依法作出判决。

196. 对工伤争议诉讼一审程序不服的，如何处理？

根据《民事诉讼法》第164条的规定，工伤争议诉讼当事人不服地方人民法院第一审判决的，有权在判决书送达之日起15日内向上一级人民法院提起上诉。工伤争议诉讼当事人不服地方人民法院第一审裁定的，有权在裁定书送达之日起10日内向上一级人民法院提起上诉。上诉状应当通过原审人民法院提出，并按照对方当事人或者代表人的人数提出副本。当事人直接向第二审人民法院上诉的，第二审人民法院应当在5日内将上诉状移交原审人民法院。

第二审人民法院应当对上诉请求的有关事实和适用法律进行审查。经过二审审理后的工伤劳动争议案件，将面临以下几种情况。

（1）调解结案。对一审判决不服提起上诉的当事人，在二审审理过程中就争议事项达成调解协议，二审人民法院应当制作调解书。调解书在送达当事人后，原审人民法院的判决即视为撤销。

（2）驳回上诉。原判决、裁定认定事实清楚，适用法律正确的，以判决、裁定方式驳回上诉，维持原判决、裁定。

（3）依法改判。原判决、裁定认定事实错误或者适用法律错误的，以判决、裁定方式依法改判、撤销或者变更。

（4）发回重审。原判决遗漏当事人或者违法缺席判决等严重违反法定程序的，裁定撤销原判决，发回原审人民法院重审。原审人民法院对发回重审的案件作出判决后，当事人提起上诉的，第二审人民法院不得再次发回重审。

第五节 工伤保险待遇的申领

197. 工伤医疗费应当如何报销？

职工在工伤认定后，其发生的工伤医疗费用，凭工伤认定结论，出院小结复印件（包括：出入院日期、入院主诉、现病史、检查、诊断、治疗、手术经过、治疗后转归情况、出院注意事项。注意应当加盖就诊医院章），医疗费用明细清单（包括：药物、检查、治疗、手术、化验等每项的名称、用量、次数、单价、每项总价），有效报销单据（有财政部门监制章或税务部门监制章和就诊医院收费专用章），由单位到医保经办机构申请报销。工伤职工报销个人医药费用的范围包括以下几点：（1）已备案的驻外人员、异地定居工伤人员在自己选择备案的协议医疗机构治疗工伤的费用；（2）经批准转到协议医疗机构以外就医的费用；（3）工伤职工国内探亲或在外地旧伤复发治疗（只能在非营利性医疗机构）的费用；（4）因公出差期间因工伤所致的急诊、急救的费用。

198. 工伤职工报销个人医药费用需要报送哪些资料？

报销个人医药费用须报送下列资料：转诊转院审批手续，参保单位的探亲、出差证明或相关医院的证明，出院小结（包括：出入院日期、入院主诉、现病史、检查、诊断、治疗、手术经过、治疗后转归情况、出院注意事项。注意应当加盖就诊医院章），医疗费用明细清单（包括：药物、检查、治疗、手术、化验等每项的名称、用量、次数、单价、每项总价），有效报销单据（有财政部门监制章或税务部门监制章和就诊医院收费专用章），由单位到医保经办机构（审核一部）申请报销。

需要准备的材料包括：（1）《社会工伤保险医疗待遇申请表》一式一份；（2）《工伤认定决定书》或经认定的《职工工伤认定申请表》原件和复印件；（3）财税部门统一印制的专用收据（发票）原件（背面需有工伤职工或家属签名）；（4）与财税部门印制的专用收据（发票）金额相符的医疗费用明细清单（住院、门诊均须提供，上面须详细列明具体明细项目及其数量、金额）；（5）门（急）诊病历、出院小结（记录）复印件；（6）工伤职工身份证复印件。

199. 辅助器具的申请、审核和配置程序是什么？

遭受工伤的劳动者发现身体部分机能无法发挥全部功用，不得不需要某些替代性器具辅助时，可以向劳动能力鉴定委员会申请确认，常见的辅助器具包括义肢、假牙、轮椅等。申报确认辅助器具的整个流程如下：

（1）申请。工伤职工认为需要配置辅助器具的，可以向劳动能力鉴定委员会提出辅助器具配置确认申请，并提交下列材料：①《工伤认定决定书》原件和复印件，或者其他确认工伤的文件；②居民身份证或者社会保障卡等有效身份证明原件和复印件；③有效的诊断证明、按照医疗机构病历管理有关规定复印或者复制的检查、检验报告等完整病历材料。工伤职工本人因身体等原因无法提出申请的，可由其近亲属或者用人单位代为申请。

（2）受理。劳动能力鉴定委员会收到辅助器具配置确认申请后会及时审核。当事人提交的材料不完整的，会自收到申请之日起5个工作日内一次性书面告知申请人需要补正的全部材料；材料完整的，会在收到申请之日起60日内作出确认结论。伤情复杂、涉及医疗卫生专业较多的，作出确认结论的期限可以延长30日。

（3）审核确认。首先，劳动能力鉴定委员会根据配置确认申请材料，从专家库中随机抽取 3 名或者 5 名专家组成专家组，对工伤职工本人进行现场配置确认。该专家组中至少包括 1 名辅助器具配置专家、2 名与工伤职工伤情相关的专家。然后，专家组根据工伤职工伤情，依据工伤保险辅助器具配置目录有关规定，提出是否予以配置的确认意见。专家意见不一致时，按照少数服从多数的原则确定专家组的意见。接着，劳动能力鉴定委员会根据专家组确认意见作出配置辅助器具确认结论。其中，确认予以配置的，将载明确认配置的理由、依据和辅助器具名称等信息；确认不予配置的，将说明不予配置的理由。最后，劳动能力鉴定委员会应自该结论作出之日起 20 日内将其送达工伤职工及其用人单位，并抄送工伤保险经办机构。

（4）配置。工伤职工在收到予以配置的确认结论后，应当及时向经办机构进行登记，经办机构再向工伤职工出具配置费用核付通知单。工伤职工拿到该配置费用核付通知单后，只能选择去签订服务协议的工伤保险辅助器具配置机构（以下简称协议机构）配置辅助器具，且在挑选辅助器具时有最高支付限额以及最低使用年限的限制，超出限制的部分工伤保险基金不予支付。被选择的协议机构应当根据与经办机构签订的服务协议为工伤职工提供配置服务，并如实记录工伤职工信息、配置器具产品信息、最高支付限额、最低使用年限以及实际配置费用等配置服务事项。该配置服务记录经工伤职工签字后，分别由工伤职工和协议机构留存。

（5）费用结算。协议机构或者工伤职工与经办机构结算配置费用时，应当出具配置服务记录。经办机构核查后，应当按照工伤保险辅助器具配置目录有关规定及时支付费用。工伤职工配置辅助器具的费用包括安装、维修、训练等费用，按照规定由工伤保险基金支付。经经办机构同意，工伤职工到统筹地区以外的协议机构配置辅助器具发生的交通、食宿费用，可以按照统筹地区人力资源和社会保障行政部门的规定，由工伤保险基金支付。但职工有下列情形之一的，经办机构不予支付配置费用：①未经劳动能力鉴定委员会确认，自行配置辅助器具的；②在非协议机构配置辅助器具的；③配置辅助器具超目录或者超出限额部分的；④违反规定更换辅助器具的。

200. 如何对辅助器具配置进行监督与管理？

对辅助器具配置的监督与管理措施因所涉主体不同而有所区别，主要包括几个方面。

（1）对经办机构的监督与管理。经办机构应当根据统筹地区的相关规定选择工伤保险辅助器具配置机构，并与其签订服务协议。协议的内容应当包括：①经办机构与协议机构名称、法定代表人或者主要负责人等基本信息；②服务协议期限；③配置服务内容；④配置费用结算；⑤配置管理要求；⑥违约责任及争议处理；⑦法律、法规规定应当纳入服务协议的其他事项。经办机构还应当建立辅助器具配置工作回访制度，对辅助器具装配的质量和服务进行跟踪检查，并将检查结果作为对协议机构的评价依据。如果工伤职工或者其近亲属认为经办机构未依法支付辅助器具配置费用，或者协议机构认为经办机构未履行有关协议的，可以依法申请行政复议或者提起行政诉讼。

（2）对协议机构的监督与管理。协议机构应当符合各统筹地区制定的条件，并经过当地工伤保险经办机构的评估。其提供的辅助器具应当符合相关国家标准或者行业标准。统一规格的产品或者材料等辅助器具在装配前应当由国家授权的产品质量检测机构出具质量检测报告，标注生产厂家、产品品牌、型号、材料、功能、出品日期、使用期和保修期等事项。协议机构还应当建立工伤职工配置服务档案，并至少保存至服务期限结束之日起两年。经办机构可以对配置服务档案进行抽查，并作为结算配置费用的依据之一。如果协议机构违反国家规定的辅助器具配置管理服务标准，侵害工伤职工合法权益的，则由民政、卫生行政部门在各自监管职责范围内依法处理。至于协议机构不按照服务协议提供服务的，经办机构可以解除服务协议，并按照服务协议追究相应责任。

（3）对辅助器具配置专家的监督与管理。辅助器具配置专家应当具备下列条件之一：①具有医疗卫生中高级专业技术职务任职资格；②具有假肢师或者矫形器师职业资格；③从事辅助器具配置专业技术工作 5 年以上。同时，辅助器具配置专家还应当具有良好的职业品德。

图书在版编目 (CIP) 数据

爱问法律百科：工伤保险必知 200 问 / 林立成著 .—北京：中国法制出版社，2019.3

ISBN 978-7-5216-0010-0

Ⅰ. ①爱…　Ⅱ. ①林…　Ⅲ. ①工伤保险—中国—问题解答
Ⅳ. ① D920.5

中国版本图书馆 CIP 数据核字（2019）第 021569 号

责任编辑：王佩琳（wangpeilin@zgfzs.com） 秦智贤　　　封面设计：李宁

爱问法律百科：工伤保险必知 200 问

AI WEN FALÜ BAIKE：GONGSHANG BAOXIAN BIZHI 200 WEN

著者 / 林立成

经销 / 新华书店

印刷 / 三河市紫恒印装有限公司

开本 / 880 毫米 ×1230 毫米　32 开　　　印张 / 8.5　字数 / 154 千

版次 / 2019 年 3 月第 1 版　　　2019 年 3 月第 1 次印刷

中国法制出版社出版

书号 978-7-5216-0010-0　　　定价：32.00 元

北京西单横二条 2 号　　　值班电话：010-66026508

邮政编码 100031　　　传真：010-66031119

网址：http://www.zgfzs.com　　　**编辑部电话：010-66038139**

市场营销部电话：010-66033393　　　**邮购部电话：010-66033288**

（如有印装质量问题，请与本社印务部联系调换。电话：010-66032926）